CHARLESBOURG

MÉLANGES HISTORIOGRAPHIQUES

— AUSSI —

La Légende d'un Tableau hors texte,

PAR

JOSEPH TRUDELLE

DE LA BIBLIOTHÈQUE DE LA LÉGISLATURE DE LA
PROVINCE DE QUÉBEC.

QUÉBEC
FRS-N. FAVEUR, Imprimeur.

1896

CHARLESBOURG

MÉLANGES HISTORIOGRAPHIQUES

— AUSSI —

La Légende d'un Tableau hors texte,

PAR

JOSEPH TRUDELLE

DE LA BIBLIOTHÈQUE DE LA LÉGISLATURE DE LA
PROVINCE DE QUÉBEC.

QUÉBEC

FRS-N. FAVEUR, Imprimeur.

1896

DEDICACE

A Monsieur l'abbé Joseph Hoffman
Curé de Charlesbourg
Je dédie respectueusement
Ces Mélanges historiographiques
sur ma paroisse natale.
Je les dédie,
en outre, aux parents
et amis des quinze mille personnes
dont les cendres reposent dans le
cimetière de Charlesbourg ;
Aux trente-deux prêtres
qui y sont nés ;
Enfin,
Aux soixante religieuses
originaires de
Charlesbourg,
qui ont dit adieu au monde
pour voler au secours de l'humanité
souffrante :
A tous,
J'offre cet humble travail,
afin qu'ils se souviennent
de moi là-Haut.

ABREVIATIONS :

---

m., marié ;—m. 1°, marié en premières noces ;—m. 2°, marié en deuxièmes noces. P. a., Propriétaire actuel.

INTRODUCTION

L'organisation paroissiale, sous l'intendance de Talon, devait prendre un essor merveilleux. Au cours de ses nombreux instructions, Colbert n'avait pas oublié que le sort de la colonie reposait en grande partie sur le groupement des familles. De cette manière elles pourraient s'entr'aider, et se défendre contre les attaques des Iroquois. "Il faut, disait-il, ramener autant que possible tous ceux qui se sont trop éloignés, et pour l'intérêt de la colonie, il faut que l'intendant s'occupe de faire préparer des terres et des habitations pour celles qui n'auraient pas d'autres ressources, au moins trente ou quarante habitations chaque année."

Se conformant à ces instructions, Talon soumit au Conseil Souverain un projet de fondation de paroisses des plus judicieux. Il avait à cœur de grouper dans la proximité de Québec des laboureurs tirés du régiment de Carignan-Salières et des anciennes familles canadiennes. Les vieilles troupes licenciées pourraient être utiles à la patrie menacée, et les hivernants prêcheraient d'exemple et de paroles pour les fins de l'agriculture. Par ce moyen, disait-il, l'on fortifierait les paroisses, sans qu'il en coutât un denier à la France, et les colons, rassurés sur leur sort, ne songeraient plus à se déplacer.

Cette politique fut féconde en bons résultats. Des paroisses nouvelles s'établirent dans les environs des villes. Québec, alors la métropole du Canada, vit se fonder dans un rayon assez rapproché plusieurs centres qui grandirent vite. Ainsi Charlesbourg débuta sous l'œil de Talon. On peut dire que c'est la seule paroisse qui porte encore l'empreinte de l'idée créatrice du célèbre Intendant. Il en traça lui-même le plan, et en délimita les concessions. Aujourd'hui encore, l'on est surpris de constater la curieuse distribution des terres, qui viennent converger de toutes parts vers un centre disposé en un carré parfait. Les colons devaient construire leurs résidences dans ce carré : c'était le fort. Ainsi groupés, les habitants pourraient organiser promptement une défense en cas d'attaque. Si la ville avait besoin de secours, un coup de canon suffirait à donner l'éveil, et les campagnes pourraient se porter en masse vers le lieu menacé.

La monographie de Charlesbourg est donc intéressante à plus d'un titre. M. Trudelle n'a pas voulu entrer dans le domaine purement historique. Ce travail a été accompli par M. l'abbé C. Trudelle; son but consiste principalement à donner des détails généalogiques sur les premiers colons de Charlesbourg et sur leur descendance. Cette paroisse a vu se détacher tour à tour des essaims nombreux de cultivateurs, qui sont devenus fondateurs des paroisses environnantes. Un grand nombre de nos familles canadiennes tirent leur origine de ces endroits, et dans ces familles nous trouvons des notabilités dans les professions religieuses et civiles. Il y a là tout un monde de prêtres, religieux, religieuses, avocats, médecins, notaires, qui ont laissé un nom dans l'histoire du pays. Les notes touchant les seigneuries et leurs premières habitations serviront à guider le biographe dans ses travaux, et il puisera, en somme, dans cet ouvrage, une foule de connaissances utiles, qui autrement lui auraient coûté une somme énorme de recherches.

N.-E. DIONNE,
Bibliothécaire de la Législature.

Québec, le 29 juin 1890.

LÉGENDE

DES PORTRAITS ET MONUMENTS HISTORIQUES DE LA
PAROISSE DE CHARLESBOURG, DEPUIS SON
ORIGINE JUSQU'A NOS JOURS, (1896).

Mis en tableau par Joseph Trudelle, de la bibliothèque de la Législature.

I

1. Jacques Cartier, plantant une croix, le 3 mai 1536, sur les bords de la rivière Saint-Charles et de la rivière Lairet, à l'entrée de la paroisse de Charlesbourg.

2. Samuel Champlain, gouverneur de la Nouvelle-France, 1628-1635, né vers 1567, fonde Québec en 1608, meurt en 1635.

3. Monument Cartier-Brébeuf, érigé sur l'emplacement même du premier hivernage de Cartier, 1535-1536, et de la première résidence des Jésuites à Québec, (1625), au confluent des rivières Saint-Charles et Lairet de Charlesbourg. (Œuvre du Comité littéraire et historique du Cercle Catholique de Québec, en 1889.) Cette résidence des

Jésuites était renfermée (1635), dans un enclos carré, formé de palissades, lequel renfermait deux bâtiments, dont l'un servait de magasin, d'écurie et de boulangerie ; à l'opposé se trouvait la construction principale, faite en planches unies par de la glaise, et recouverte d'une toiture en paille longue; un seul étage, un grenier et une cave, ainsi que quatre chambres, dont l'une servait de chapelle, l'autre de réfectoire et les deux dernières de cuisine et de logement pour les ouvriers, formaient l'ensemble de ce rustique bâtiment, dont l'ameublement était de la plus primitive simplicité (1). C'est aussi sur ce petit coin à jamais mémorable que furent déposés par l'immortel Découvreur les restes de ses vingt-cinq compagnons, devenus les victimes du scorbut (2).

4. La chapelle de l'habitation des Jésuites au Bourg-Royal, (1666). Une partie de cette habitation fut concédée

---

(1) Parkman, *The Jesuits in North-America.*

(2) Les habitants de cet endroit ont toujours continué d'aller aux offices à Charlesbourg, quoiqu'ils payent la dîme au curé de St-Roch.

— 3 —

le 31 juillet 1698, à Maurice d'Héry, leur meunier qui résidait dans le moulin à eau. Les Jésuites se réservèrent le moulin à vent et cinq perches de terre tout autour. Madame Jacques Lefebvre possède l'acte de cette concession.

5. La statue de l'Immaculée Conception, propriété de M. Napoléon Bédard, vient de la chapelle du Bourg-Royal.

6. La première église de Charlesbourg, 1670-1697, bâtie en bois rond et couverte en paille, d'après la description de Mgr de Laval, par G. St-Michel.

7. La deuxième église, bâtie en pierre, 1696, par M. A. Doucet, et démolie en 1835.

8. L'église actuelle, (1896), bâtie en 1828 par M. A. Bédard.

9. Le premier presbytère, érigé en 1690, avec l'aide de Louis XIV, bâti en pierre et à deux étages, démoli en 1845. Le second étage fut ajouter qu'en 1803.

10. Le deuxième presbytère, bâti en 1846, par M. Pierre Roy.

11. Le presbytère actuel, (1896), bâti en 1875, par M. A. Beaudry.

12. Le couvent de Notre-Dame-des-Laurentides, fondé en 1869, par le

chevalier G. M. Muir et madame Muir.

13. *Première Supérieure :* Marie de l'Assomption, (Philomène Thivierge,) née à Saint-Jean, I. O., le 13 août 1839, entrée en religion, le 15 août 1856.

Deuxième Supérieure : En 1874, Marie de Saint-Joseph, (Zoé Blais,) née à Berthier, Montmagny, le 15 juillet 1821, en religion le 15 avril 1850.

Troisième Supérieure : En 1887, Marie de Sainte-Elisabeth, (Emma Bouliane,) née à la Malbaie, le 13 août 1848, en religion le 13 septembre 1869.

Quatrième Supérieure : En 1888, Marie de Sainte-Jeanne de Chantal.

14. *Supérieure actuelle :* Marie de Saint-Bernard, (Ellen Fitzgerald,) née à Frampton, le 16 juillet 1833, en religion le 22 janvier 1859.

15. Le couvent de Charlesbourg a été fondé en 1880, par le Rév. M. Beaudry.

16. *Première Supérieure :* Mère Marie de Sainte-Jeanne de Chantal, (Amanda Gosselin,) née le 28 juillet 1845, à Saint-Charles, rivière Boyer, fille de Joseph Gosselin et d'Angèle Naud dit Labrie ; entrée en religion le 28 septembre 1865, décédée le 8 mai 1895. Elle était la

sœur de M. A. H. Gosselin, prêtre qui a publié la vie de Mgr de Laval.

Deuxième Supérieure : En 1886, Marie de Saint-Jean-Berchmans, (Célina Fréchette,) actuellement assistante-générale, née à Saint-Nicolas le 28 février 1853, entrée en religion le 1er juin 1870.

Troisième Supérieure : Marie de Saint-Bonaventure, (Winifred Fitzgerald,) sœur d'Ellen, née à Frampton le 3 mai 1847, entrée en religion le 19 mai 1866.

17. *Supérieure actuelle* depuis 1892 : Marie de Lourdes, (Philomène Langlois,) née à Québec le 26 mars 1857, entrée en religion le 5 août 1876.

18. Sœur Marie de la Visitation, (Rose de Lima Trudelle,) baptisée sous le nom d'Eliza, la première enfant de la paroisse qui se fait religieuse du Bon-Pasteur, née le 5 décembre 1835 ; fille de Charles Trudelle et de Thérèse Jobin, entrée en religion le 14 février 1857.

19. Mgr François de Montmorency-Laval, né à Montigny-sur-Avre, le 23 novembre 1622 ; sacré évêque titulaire de Pétrée, le 8 décembre 1658 ; nommé évêque de Québec, le 1er octobre 1674 ; donne sa démission, le 24 janvier 1688 ;

mort à Québec le 8 mai 1708, à l'âge de 86 ans ; déclaré vénérable le 29 septembre 1890.

20. Mgr Jean-Baptiste de la Croix Chevrier de Saint-Vallier, né à Grenoble le 14 novembre 1653 ; sacré évêque de Québec le 25 janvier 1688 ; mort à l'Hôpital Général de Québec, le 26 décembre 1727. C'est lui qui fit la première visite pastorale à la paroisse, le 5 mars 1690, et nomma la même année le premier curé résident.

21. Son Eminence le Cardinal Elzéar-Alexandre Taschereau, cardinal prêtre de la sainte Eglise romaine, du titre de Sancta Maria della Vittoria (Sainte-Marie de la Victoire,) né à Sainte-Marie de la Beauce, le 17 février 1820 ; ordonné prêtre le 10 septembre 1842 ; élu archevêque de Québec le 24 décembre 1870 ; sacré évêque le 19 mars 1871 ; créé cardinal le 7 juin 1886. A l'occasion de son élévation au cardinalat, la Législature, se trouvant alors en session, alla en corps lui présenter ses hommages.

22. Sa Grandeur Mgr Louis-Nazaire Bégin, né à Lévis le 10 janvier 1840 ; ordonné prêtre à Rome, dans la Basi-

lique de Saint-Jean de Latran, le 10 juin 1865 ; élu évêque de Chicoutimi le 1er octobre 1888 ; sacré évêque, le 28 dans la basilique de Québec ; élu archevêque de Cyrène et coadjuteur de Son Eminence le Cardinal Taschereau, le 22 décembre 1891 ; nommé administrateur du diocèse le 3 septembre 1894.

23. M. Charles Trudelle, né à Charlesbourg, le 28 janvier 1822, fils de Jean Trudelle et de Marie-Geneviève Jobin ; ordonné prêtre le 24 mars 1845 ; 1845, au Séminaire de Québec ; 1850, curé de Somerset ; 1856, de la Baie Saint-Paul ; 1864, de Saint-François du Sud ; 1876, de Saint-Michel ; 1878, supérieur du collège Sainte-Anne ; 1887, chapelain de l'Hôtel-Dieu du Sacré-Cœur de Québec. Monsieur l'abbé Trudelle est l'auteur de l'*Histoire de Charlesbourg*, de l'*Hôpital du Sacré-Cœur*, des *Trois Souvenirs*, *Hoc Erat in votis*, pour la fête de Saint-Jean-Baptsite, etc. On a fêté ses noces d'or, le 24 mars 1895 ; se retire du ministère en 1896.

24. M. Pascal Pouliot, né à Kamouraska, le 28 mai 1807, fils de François Pouliot et de Julie Damien ; ordonné le

2 mai 1830 ; 1830, vicaire à Charlesbourg. C'est lui qui a eu le privilège de chanter la première messe dans l'église actuelle, le 29 juin 1830 ; 1835, curé des Trois-Pistoles ; 1843, de Saint-André ; 1849, de Saint-Gervais ; 1874, se retire du ministère à la Rivière du Loup, où il décède le 5 mars 1876.

II

LISTE DES DESSERVANTS ET DES CURÉS DE LA PAROISSE.

Premier Desservant connu : le Père Guillaume Mathieu, jésuite, 1674-75, fut employé, en 1670 à Sillery, et a été procureur à Québec.

Deuxième Desservant : M. Charles Glandelet, natif de Vannes, en Languedoc, arrivé au Canada, en 1675 ; dessert Charlesbourg de 1675 à 1682 ; supérieur du séminaire de Québec, et longtemps vicaire-général ; supérieur et confesseur des Ursulines de Québec ; premier desservant de l'église de la Basse-Ville, en 1710, supérieur de l'Hôtel-Dieu de

Québec; en 1714, supérieur des Ursulines des Trois-Rivières, où il est décédé le 1er juillet 1725, en 1717, il fut chargé par Mgr de Saint-Vallier de s'enquérir des guérisons miraculeuses qui avaient été opérées par le très dévôt Frère Didace, récollet, mort en odeur de sainteté à l'Hôtel-Dieu des Ursulines des Trois-Rivières, le 21 février 1799. Il recevait une pension du domaine royal.

Troisième Desservant: 1682-83, M. Louis Pierre Thury, venu de France, en 1676, ordonné le 21 décembre 1677, et mort le 20 novembre 1705. Il était missionnaire au Cap de la Madeleine en 1683, et se rendit ensuite à l'Acadie où il était, en 1689, vicaire-général de Mgr de Saint-Vallier, pour l'Acadie et la Grande-Baie de Saint-Laurent.

Quatrième Desservant: 1684, M. Pierre-Paul Gagnon, né à Québec le 5 septembre 1649, fils de Pierre Gagnon et de Vincente Desvarieux, ordonné le 21 décembre 1677 ; 1683-84, dessert Charlesbourg ; 1684-85, Sainte-Anne de Beaupré ; 1686, secrétaire de Mgr de Saint-Vallier ; ensuite nommé premier curé de la Baie Saint-Paul. Il se noya le 6 avril 1711 ; inhumé le 16 mai dans l'église de Sainte-Anne de Beaupré.

Cinquième Desservant : M. Nicolas Du-Bos, fils de Nicolas Du Bos et d'Antoinette Caron, de la paroisse de Saint-Eloi, évêché d'Amiens, ordonné le 12 novembre 1684, fut aussitôt chargé de la paroisse de Charlesbourg, et fut créé chanoine et grand pénitencier, le 14 août 1698, il était confesseur des Ursulines ; mort le 3 mai 1699, à l'âge de 40 ans.

Premier Curé et *sixième Desservant* résident : M. Alexandre Doucet, né à Paris, fils de Jacques Doucet et de Marie Pinet ; fut ordonné le 5 mars 1689, à l'Hôtel-Dieu de Québec, par Mgr de Saint-Vallier, qui lui confia l'année suivante la desserte de Charlesbourg, qu'il garda jusqu'à son départ en janvier 1700 ; mort à Port-Royal le 26 mars 1701, à 44 ans.

Septième Desservant : Le R. P. Juconde Drué, récollet, venu en Canada le 25 juin 1684 ; premier chapelain de l'Hôpital-Général de Québec, de 1693 à 1698 ; 1700, desservant de Charlesbourg ; en 1719, de Saint-Antoine de Tilly et de

Sainte-Anne de la Pérade ; 1721 à 1724, de Saint-Louis de Chambly. Il mourut en juillet 1726.

Huitième Desservant : 1701, Joseph-Benjamin Délorme, récollet, de Paris, ordonné à Québec, le 21 septembre 1699, mort le 8 février 1722.

Deuxième Curé et *Neuvième Desservant :* M. Pierre Le Boullenger de Saint-Pierre, né au Cap de le Madeleine, en 1679, fils de Pierre Le Boullanger et de Marie-Rénée Godfroy de Tonnancour, ordonné à Québec le 6 novembre 1701, et chargé immédiatement de la cure de Charlesbourg, qu'il desservit jusqu'à sa mort arrivée le 24 juin 1747.

Dixième Desservant : M. J.-Bte Grenet, né le 11 février 1701, à Lévis, fils de François Grenet et de Jeanne Samson, ordonné le 14 avril 1726, desservit Charlesbourg, du 10 mai au 29 octobre 1726 ; curé de Berthier de 1726 à 1729 ; premier desservant de Saint-François Rivière du Sud, de 1729 à 1736 ; curé de Saint-Thomas de 1736 à 1740, où il mourut le 30 octobre 1740.

Troisième Curé : 1747-1774, M. J.-Bte Morisseaux, né à Montréal, en 1718, fils de

J.-Bte Morisseaux et de Suzanne Petit, ordonné le 22 septembre 1742, vicaire à Charlesbourg, puis curé de la même paroisse jusqu'à sa mort le 26 mai 1774, baptisé sous le nom de Laurent le 10 août 1718. Il maria, à Charlesbourg, le 26 février 1748, sa sœur Elisabeth, avec Gilles Strouds, un jeune anglais de Québec.

Quatrième Curé : 1774-1786, M. F.-X. Borel, né à Avranches, le 12 juin 1727, fils de Simon Borel et de Marie Gonix, ordonné le 20 septembre 1755, vicaire à Charlesbourg, de 1774 à 1786 ; curé de Notre-Dame de Foye, de 1760 à 1774, et de 1787 à 1792, mort à l'Hôpital-Général le 5 février 1792, inhumé à Notre-Dame de Foye.

Cinquième Curé: 1786-1808, M. Jacques Derome dit Descareaux, né à Québec le 16 octobre 1752, fils de Joseph Dérome et de Marie Angèle Filliau ; ordonné le 20 avril 1777 ; curé de Sainte-Anne et de l'Ange-Gardien ; 1786, à Charlesbourg jusqu'à sa mort, le 30 septembre 1808.

Sixième Curé : M. Charles-Marie Boucher de Boucherville, né le 29 novembre 1781, fils de Réné-Amable Boucher de

Boucherville et de Madeleine de Simblin ; ordonné à Boucherville le 6 janvier 1805 ; vicaire de Mgr Denaut à Longueil ; 1806, à Québec ; 1807, curé du Château-Richer ; 1808, de Charlesbourg, où il décède le 16 janvier 1823.

Septième Curé : 1822 à 1837, M. Antoine Bédard, né à Charlesbourg, le 10 août 1771, fils de Charles Bédard et de Marie-Josephte Jobin, ordonné le 21 mars 1795 ; 1796, professeur au séminaire de Québec ; 1800, missionnaire à Richibouctou ; 1804, curé de Sainte-Anne de Beaupré ; 1805, de Saint-Ambroise ; 1817, de Saint-Thomas ; 1818, de Saint-Ambroise ; 1822, à Charlesbourg, où il décède le 9 mai 1837. M. Bédard avait plusieurs frères et plusieurs sœurs ; Jean-Bte a représenté le comté de Québec, 1810 à 1814, la mère de F.-X. Delâge, curé de l'Islet, était sa sœur ; l'aïeule maternelle des évêques Racine était aussi sa sœur.

Huitième Curé : M. Pierre Roy, né à Saint-Charles, le 24 août 1800, fils de Pierre Roy et de Geneviève Bilodeau ; ordonné le 11 juin 1816 ; vicaire à Saint-Gervais ; 1828, missionnaire à Arichat ;

1832, curé de Cacouna ; 1834, de l'Ile-aux-Grues ; 1837, à Charlesbourg, où il décède le 14 juillet 1847.

Neuvième Curé : M. Etienne Payment, né à Sainte-Geneviève de Montréal, le 29 août 1818 ; fils de Bernard Payment et de Marguerite Théoret ; ordonné à Sainte-Geneviève le 31 janvier 1841 ; missionnaire au Lac des Deux Montagnes ; 1842, vicaire à la Baie Saint-Paul, et à Saint-Grégoire ; 1845, curé de Sainte-Marguerite, comté Dorchester ; 1847, de Charlesbourg, où il décède, le 22 novembre 1861. Il fit la mission de la Grosse-Ile en 1847.

Dix-huitième Desservant : M. Joseph-Aimé Bureau, né à l'Ange-Gardien le 5 février 1833, fils de Louis Bureau et d'Olive Grenier ; ordonné le 24 septembre 1859, professeur au séminaire de Québec ; 1861, desservant à Charlesbourg ; 1862, curé de Sainte-Agnès ; 1875, de Saint-Nicolas ; 1893, de Saint-Michel.

Dixième Curé : M. Augustin Beaudry, né à la Pointe-aux-Trembles, le 10 juin 1812, fils de Pierre Beaudry et de Félicité Delille ; ordonné le 23 septembre 1837 ; vicaire à Québec ; 1844, curé de la

Malbaie ; 1862, à Charlesbourg, jusqu'au mois d'octobre 1886. Etant malade M. Beaudry s'est retiré à l'Hôpital-Général, où il est encore, 1896.

Onzième Curé et Curé actuel : M. Joseph Hoffman, né le 27 août 1835 à Berthier de Montmagny, fils de Jean Hoffman et Marie Ebacher, ordonné à Québec le 27 février 1858 ; vicaire aux Ecureuils et à Lotbinière ; 1860, premier missionnaire résident de Sainte-Anne du Saguenay ; 1862, curé de Notre-Dame du Mont-Carmel ; 1867, procureur du Collège de Lévis ; 1873, curé de Saint-Frédéric ; 1879, de Saint-David de Lauberivière ; 1886, de Charlesbourg ; 1888, bâtit la sacristie actuelle et fait exécuter au pinceau les portraits des anciens curés de la paroisse.

M. Jules Kirouac, *vicaire actuel*, 1896, né à Saint-Sauveur de Québec, le 21 janvier 1869, fils du Chevalier François Kirouac et de Julie Hamel ; ordonné le 27 mai 1893, par le Cardinal Parocchi, à Rome dans la Basilique de Saint-Jean de Latran, 1894, vicaire à Charlesbourg.

PRÊTRES

1. Etienne Auclair-Desnoyers, né le 1er mars 1682, fils de Pierre Auclair et de Madeleine Sédilot ; ordonné le 8 octobre 1713, curé de Kamouraska jusqu'à sa mort. Il décéda à l'Hôtel-Dieu de Québec, le 3 novembre 1748 ; inhumé dans la cathédrale.

2. Pierre Auclair-Desnoyers, frère du précédent, né le 25 février 1684 ; ordonné le même jour que son frère ; mort curé de Saint-Augustin la même année que son frère, le 6 février 1748. Ils avaient trois sœurs de religieuses à l'Hôtel-Dieu de Québec.

3. Pierre-Daniel Normandeau, récollet, né le 22 juin 1697, fils de Augustin Normandeau dit Desloriers, soldat de Demeloise et de Madeleine Sasseville, ordonné le 23 septembre 1730. Il mourut le 25 août 1772.

4. Thomas Blondeau, né le 1er avril 1709, fils de Thomas Blondeau et de Marie-Anne Gagnon ; ordonné le 22

septembre 1742 ; chante la messe à Charlesbourg, le dimanche 9 octobre suivant ; 1749, nommé curé de Berthier de Bellechasse ; 1762, de Saint-Vallier, jusqu'à sa mort le 19 juillet 1770.

5. Pierre-Laurent Bédard, né le 6 juillet 1729, fils de Thomas Charles Bédard et de Jeanne-Françoise Huppé, ordonné le 26 août 1752 ; curé de Saint-François avec la desserte de Berthier et de Saint-Pierre du Sud, mort le 11 mars 1810, après 58 ans de prêtrise. Il avait deux sœurs de religieuses aux Ursulines et une à l'Hôtel-Dieu de Québec. Bénit la première pierre du couvent de St-François le 28 mai 1764.

6. Thomas-Laurent Bédard, né le 3 février 1747, fils de Thomas Bédard et de Marie-Angélique Fiset ; ordonné le 23 septembre 1775 ; supérieur du Séminaire de Québec ; décédé à l'Hôpital-Général, le 27 mai 1795 ; inhumé dans la chapelle du Séminaire de Québec.

7. Paul-Ambroise Bédard, frère du précédent, né le 10 mars 1754 ; ordonné le 17 août 1777 ; décédé au Séminaire de Québec, le 28 octobre 1780 ; inhumé dans la chapelle du Séminaire. Ils étaient

les neveux de Pierre-Laurent Bédard, curé de Saint-François.

8. Jean-Charles Bédard, prêtre de Saint-Sulpice, né le 5 novembre 1766, fils de Pierre-Stanislas Bédard et de Marie Josephte Thibault ; ordonné le 19 décembre 1789 ; agrégé au Séminaire de Montréal le 28 septembre 1792 ; mort le 2 juillet 1825.

9. Louis Bédard, frère du précédent, né le 13 septembre 1770 ; ordonné le 11 mai 1794 ; missionnaire à Saint-François de la Beauce ; 1796, curé de la Baie du Febvre, où il décède le 5 juin 1806, à 36 ans. C'est lui qui maria son frère, Pierre Bédard le grand patriote à Québec le 26 juillet 1796, à Melle Luce Lajus, fille de François Lajus, chirurgien et de Angélique Hubert, sœur de Mgr Hubert. La mère de Mgr Hubert était de Charlesbourg.

10. Jean-Baptiste Bédard, vicaire-général, frère des deux précédents, né le 25 septembre 1772 ; ordonné le 11 octobre 1795 ; vicaire à Québec ; 1897, curé de la Rivière-aux-Hurons de Chambly ; 1817, de St-Denis, où il décède, le 23 août 1834, à 62 ans. Il

était au mariage de son frère. Etant à Québec lors de l'arrestation de Pierre Bédard, Craig le fit mander au Château, pour le charger d'informer son frère que, s'il voulait reconnaître sa faute, on le laisserait aller sur sa parole.

11. Antoine Bédard, né le 10 août 1771. (Voir : *Septième Curé* de Charlesbourg.)

12. Laurent-Thomas Bédard, né le 14 octobre 1737, fils de Laurent Bédard et de Gertrude Gendron, ordonné le 3 janvier 1813 ; vicaire à Québec ; 1817, curé de Sainte-Croix ; 1819. chapelain de l'Hôpital-Général ; 1851, est remplacé par M. Plante comme chapelain ; décède subitement à Saint-Joseph de Lévis, le 20 avril 1859 ; inhumé à l'Hôpital-Général. Sa petite nièce, Melle. Julie Auclair, No. 24, rue Chateauguay, possède son portrait à l'huile de grandeur naturelle, lorsqu'il était jeune prêtre. Maison paternelle occupée par Jean Jobin à St-Pierre.

13. Louis-Frs Nicolas Jacques, né le 2 janvier 1794, fils de Pierre Jacques et d'Angèle Jobidon ; ordonné le 26 février 1820 ; vicaire à Québec ; 1825, curé à

Saint-Cuthbert ; 1826, de Saint-Sulpice jusqu'à sa mort, le 16 janvier 1836.

14. Thomas Pepin, né le 20 avril 1801, fils de Thomas Pepin et de Marie Dorothée Lefebvre ; ordonné le 3 octobre 1824 ; vicaire à Québec ; 1827, curé de Saint-Pierre les Becquets et de Saint-Jean ; 1833, du Sault-au-Récollet ; 1836, de Saint-Roch de l'Achigan ; 1840, de Boucherville ; mort le 29 décembre 1876. Il était vicaire forain et chanoine honoraire.

15. Pierre Villeneuve, né le 20 mars 1802, fils de Joseph Villeneuve et de Marie Bédard ; ordonné le 19 août 1827 ; vicaire à Saint-Roch de Québec, à Saint-Joseph de Lévis ; 1831, curé de Saint-Polycarpe ; 1834, de Berthier de Bellechasse ; 1837, de Saint-Charles du même comté, mort à l'Hôpital-Général, le 31 août 1856 ; inhumé à Saint-Charles.

16. Charles Beaumont, né le 3 novembre 1820, fils de Jacques Beaumont et d'Agathe Pageau ; ordonné le 23 juin 1844 ; vicaire à Saint-Anne ; 1849, curé de Saint-Féréol ; 1852, Saint-Etienne de Beaumont ; 1853, Sainte-Hénédine ; 1862, Saint-Michel ; la même

année, Saint-Joachim, se retire du ministère, et réside à l'Ange-Gardien, où il décède le 2 septembre 1889 ; inhumé à Charlesbourg.

17. Charles Trudelle, né le 28 janvier 1822. (Voir : LISTE DES PORTRAITS.)

18. George Jacques Duhault, né le 14 mai 1825, fils de Louis Jacques et de Marguerite Lefebvre ; ordonné le 6 mars 1852 ; missionnaire de Wotton, lac Aylmer ; 1857, curé de Saint-Maurice ; 1865, de Saint-Stanislas ; décédé à Charl sbourg, le 14 septembre 1869.

19. Jean-Baptiste Villeneuve, né le 26 février 1832, fils de Jean-Bte Villeneuve et d'Agathe Beaumont ; ordonné le 20 septembre 1856 ; vicaire à Saint-Gervais et à Saint-Arsène ; premier missionnaire d'Armagh, Buckland et Montminy ; 1858, curé de N.-D. de Laterrière ; 1861, N.-D. d'Hébertville ; 1871, Saint-Victor de Tring ; 1891, se retire à Charlesbourg.

20. Charles Galarneau, né le 11 juillet 1837, fils de Joseph-Jacques Galarneau et de Catherine Paradis ; ordonné le 28 septembre 1862 ; vicaire à Saint-Joseph de Lévis ; 1863, à l'Islet ; 1865, premier curé de Saint-Cyrille ; 1882, de Saint-

Pacôme. Il a trois sœurs à l'Hôpital-Général.

21. Frs-Xavier Delâge, né le 17 mars 1837 fils de Joseph Delâge et de Marguerite Magnan ; ordonné le 22 février 1863 ; vicaire à Saint-Thomas et à Notre-D. de l'Islet ; 1865, à Saint-Joseph de la Beauce ; 1867, curé de Sainte-Anne et de Saint-Fulgence du Saguenay ; 1871, curé de N.-D. du Lac Saint-Jean ; 1878, de Laterrière ; 1889, Chicoutimi ; 1895, de Chambord, neveu de M. F.-X, Delâge curé de l'Islet.

22. Guillaume Giroux, né le 23 mai 1845, fils de Henri Giroux et de Thérèse Roy-Audy ; ordonné le 20 février 1870 à Saint - Hyacinthe, vicaire à Saint-Ambroise ; 1881, curé de la même paroisse.

23. Frs-Xavier Bélanger, né le 6 juin 1851, fils de Jacques-Bélanger et de Marie-Marguerite Chartré ; ordonné le 2 juin 1878 ; prêtre auxiliaire au séminaire ; 1880, vicaire à Saint-Jean-Baptiste de Québec ; 1888, chapelain des sœurs de la charité ; 1889, curé de Saint-Augustin. Il est l'oncle du maire Parent de Québec.

24, Joseph-Alexandre Lafrance, né le 6 février 1856, fils de Pierre Lafrance et de Elmire Frigault; ordonné le 3 juin 1882; vicaire à Saint-François de la Beauce; 1884, missionnaire dans la préfecture du Golfe Saint-Laurent; 1887, curé de Saint-Nérée; 1888, mission du Golfe; 1892, curé de St-Martin, Beauce.

25. Joseph-Elzéar Galarneau, né le 17 février 1860, fils de Jean-Baptiste Galarneau et Brigitte Bédard; ordonné le 13 juin 1886; vicaire à Saint-Frédéric, Beauce; 1894, curé de Saint-Paul du Buton. Son frère Isaïe est au grand séminaire. Il a deux sœurs au Sacré-Cœur. Il est neveu du curé de Saint-Pacôme.

26. Abraham Vaillancourt, né le 10 mai 1861, fils de Bernard Vaillancourt et de Hélène O'Brien; ordonné le 26 mai 1888; vicaire à Saint-Lazare; 1889, à Saint-Basile; 1890, à Nataskouan; 1895, Beaurivage.

27. Hégésippe Dorion, né le 26 mai 1867, fils de William Dorion et de Eliza Roberts; ordonné le 28 mai 1894; desservant à la Grosse-Isle; 1895, curé d'Orwell, Vermont, Etats-Unis.

RELIGIEUSES

I

Monastère des Ursulines de Quebec, fondé en 1639, par Marie de l'Incarnation et de Madame de la Peltrie.

CHORISTES.

1. **St-Jean-Baptiste,** (Elisabeth De-lâge,) fille de François Delage et de Elsabeth Lessard, née le 31 janvier 1750 ; entrée le 29 septembre 1776 ; vêture le 10 février 1777 ; prof. le 4 février 1779 ; décédée le 17 août 1819.

2. **Sainte-Marie,** (Catherine Byrne,) fille de Michel Byrne et de Mary Conway, née le 24 juin 1869 ; entrée le 8 décembre 1887 ; vêture le 23 avril 1888 ; profession le 21 juin 1890.

CONVERSES.

3. **St-Hyacinthe,** (Jeanne Claire Bédard,) fille de Thomas et de Jeanne-Françoise Huppé, née le 24 juin 1711 ;

entrée le 27 avril 1741 ; vêture le 30 octobre 1741 ; profession le 30 octobre 1743 ; décédée le 20 avril 1760.

4. St-Frs Régis, (Rosalie Bédard,) sœur de la précédente, née le 27 février 1721 ; entrée le 9 mai 1743 ; vêture le 30 octobre 1743 ; profession le 8 décembre 1745 ; décédée le 4 mars 1796. Elles étaient sœurs de Pierre-Laurent Bédard, curé de St-Frs du Sud, et de Saint-Antoine de l'Hôtel-Dieu.

5. Saint-Denis, (Marg.-Elisabeth Bédard,) née en 1723, fille de Charles Bédard, et de Elisabeth Hupé dit Lagroix, entrée le 25 avril 1745 ; vêture le 23 octobre 1745 ; profession le 23 octobre 1747 ; décédée le 1er juillet 1767.

6. Sainte-Thècle, (Angélique Déry,) fille de Joseph Déry et de Marie Voyer, née le 1er décembre 1732 ; entrée en août 1752, vêture le 5 février 1753 ; profession le 4 février 1755 ; décédée le 4 novembre 1793.

7. Saint-Laurent, (Marguerite Falardeau,) fille de Réné Falardeau et de Madeleine-Véronique Beaumont, née le 27 janvier 1759 ; entrée le 6 janvier 1781 ;

vêture le 5 juillet 1781 ; profession le 15 juillet 1783 ; décédée le 26 juillet 1796.

8. Saint-Frs de Sales, (Marie Bédard,) fille de Thomas Bédard et de Ursule Jobin, née le 18 avril 1825 ; entrée le 26 juillet 1851 ; vêture le 15 avril 1851 ; profession le 18 avril 1854.

9. Saint-Antoine, (Marguerite Sanfaçon,) fille de Joseph Sanfaçon et de Louise Magnan, née le 28 février 1838 ; entrée le 8 décembre 1859 ; vêture le 5 juin 1860 ; profession le 5 juin 1862 ; décédée le 31 janvier 1871.

10. Saint-Alexis, (Séraphine Dorion,) fille de Charles Dorion et de Clarisse Bédard, née le 20 septembre 1869 ; entrée le 15 août 1890 ; vêture le 30 avril 1891 ; profession le 1er mai 1893.

11. St-Vincent de Paul, (Eugénie Paradis,) fille de Frs-Xavier Paradis et d'Odélie Proteau, née le 19 avril 1873 ; entrée le 15 mai 1892 ; vêture le 21 novembre 1893 ; profession le 21 novembre 1894.

II

*Hôtel-Dieu de Québec, fondé en 1639, par la
Duchesse d'Aiguillon, 1ère Supérieure,
Mère Saint-Ignace, (Marie
Guenet,) (1).*

---

1. Saint-Paul, (Madeleine Trudelle,)
née le 23 novembre 1732, fille de Jean
Trudelle et de Michelle Nolin, entrée en
religion le 18 août 1749, décédée le 8
février 1796.

2. Saint-Charles, (Simone Rhéaume,)
née le 26 juin 1768, fille de Réné Réaume
et de M.-Charlotte Dion, entrée en
religion le 31 mars 1788 ; décédée le 27
novembre 1808, à l'âge de 41 ans.

3. Saint-Jérôme, (Geneviève Paradis,)
née le 27 mars 1794, fille de Germain
Paradis et de Marie-Françoise Alain ;
entrée en religion le 4 octobre 1816 ;
décédée le 31 mars 1832, âgée de 38 ans.

4. Saint-Bernard, (Françoise Auclair,)
née le 30 décembre 1685, fille de Pierre

---

(1) Il n'est pas rentré de jeune fille de la paroisse
pour se faire religieuse à l'Hôtel-Dieu depuis 1792.
A ce propos, voici ce que m'écrit Mère Saint-Félix.
Voir : Appendice L

Auclair et de Madeleine Sédilot, entrée en religion le 17 août 1702, décédée le 30 juillet 1725.

5. Sainte-Marguerite, (Anne-Thérèse Auclair,) née le 1er février 1688, sœur de la précédente, entrée en religion le 23 août 1705 ; décédée le 30 novembre 1771, âgée de 81 ans,

6. Sainte Madeleine,(Thérèse Auclair,) née le 5 août 1692, sœur des deux précédentes, entrée en religion le 15 juin 1709 ; décédée le 28 septembre 1740. Elles étaient les sœurs des MM. Etienne et Pierre Auclair. La maison où ils sont nés existe encore, elle appartient à Jérémie Villeneuve, elle est située au village de Saint-Bernard. C'est aussi là qu'est né Pierre Auclair, grand père de M. G. Auclair, curé de Saint-Cœur de Marie de Mégantic.

7. Sainte-Monique, (Ursule Bédard,) née le 30 janvier 1683, fille de Louis Bédard et de Jeanne Renaud, entrée en religion le 11 janvier 1710 ; décédée le 21 octobre 1752.

8. Saint-Antoine, (Marie-Anne Bédard,) née le 24 juin 1711, fille de Thomas-Charles Bédard et de Jeanne-

Françoise Huppé, entrée en religion le 27 mars 1734 ; décédée le 18 août 1760. Sœur de curé de Saint-François.

9. Sainte-Marie, (Jeanne Mignier,) née le 6 mai 1723, fille de Germain Mignier et de Marie d'Héry, fille de Maurice d'Héry, entrée en religion le 6 février 1747 ; décédée le 25 mai 1816, âgée de 93 ans. Son père s'est marié sous le nom de Magnan.

10. Saint-Thomas, (Marguerite Bédard,) née le 30 avril 1773, fille de François Bédard et de M. Angélique Paradis, entrée en religion le 21 décembre 1790 ; décédée le 24 avril 1829, âgée de 56 ans.

11. Sainte-Geneviève, (Marie-Jeanne Bernier,) née le 4 mai 1774, fille de Barthélemi Bernier et de Marie-Charlotte Thomas ; entrée en religion le 5 novembre 1792 ; décédée le 17 avril 1828, âgée de 54.

III

*Congrégation de Notre-Dame, fondée à Montréal
en 1653, par Sœur Marguerite Bourgeois.*

———

1. Sœur Madeleine Bourbeau, née en
1662, fille de Simon Bourbeau, charpentier et de Françoise Letarte, décédée à
Montréal le 27 septembre 1688. Elle est
la première fille de la paroisse de
Charlesbourg· qui se fait religieuse.
Elle a été formée à la vie religieuse par
la Sœur Marguerite Bourgeois elle-
même. (Vie de Sr Bourgeois.)

2. Sainte-Edithe, (Anastasie Paradis,)
née le 25 février 1870, fille de Charles
Paradis et de Anastasie Darveau, entrée
en religion le 22 octobre 1889.

3. Sainte-Placide,(Séraphine Paradis,)
sœur de la précédente, née le 9 juin
1873 ; entrée en religion le 2 février
1894. Elles sont les nièces de M. Charles
Darveau, avocat, de Lévis.

———

IV

Hôpital-Général de Québec, fondé en 1793 par Mgr de Saint-Vallier.

1. Ste-Madeleine, (Marie-Louise Bédard,) fille de Joseph-Jacques Bédard, et de Marie-Louise Vachon, en religion le 7 mars 1764 ; décédée le 28 juin 1808, à l'âge de 70 ans.

2. St-Pierre, (Marie-Angélique Renaud,) fille de Jean-Marie Renaud et de Marie-Josephte Renaud, en religion le 24 avril 1802 ; décédée le 16 juillet 1849; âgée de 62 ans.

3. Ste-Gertrude, (Marie-Angélique,) fille de Joseph-Jacques Galarneau et de Catherine Paradis, en religion le 8 septembre 1856.

CONVERSES.

4. Ste-Ursule, (Marie-Charlotte) fille de Joseph Beaulieu et de Marie-Charlotte Bédard, en religion le 17 mars 1748 ; décédée le 21 novembre 1757, âgée de 28 ans.

5. Ste-Ursule, (Marie-Elizabeth,) fille de Jean Garneau et de Elizabeth

Renaud, en religion le 13 octobre 1757 ; décédée le 12 octobre 1787, âgée de 49 ans.

6. St-André, (Marie-Marguerite,) fille de Frs Auclair et de Charlotte Martin, en religion le 1er novembre 1757 ; décédée le 16 juillet 1800, âgée de 64 ans.

7. Ste-Monique, (Marie-Geneviève,) fille de Joseph Paquet et de Geneviève Chabot, en religion le 27 juin 1802 ; décédée le 17 janvier 1866, âgée de 84 ans.

8. Ste-Gertrude, (Odélie,) fille de Jos.-Jacques Galarneau et de Catherine Paradis, en religion le 20 janvier 1846 ; décédée le 2 décembre 1856. âgée de 29 ans. A sa mort, sa sœur Angélique prend son nom de religion.

9. Ste-Geneviève, (Caroline Galarneau,) sœur des deux autres du même nom, en religion le 20 janvier 1851, aujourd'hui au Sacré-Cœur.

10. Ste-Scholastique, (Emélienne,) fille de Jean Bédard et de Marie-Louise Lefebvre, en religion 24 août 1847, à 18 ans.

11. Ste-Croix, (Adélaïde,) fille de Louis Jacques et de Marguerite Lefebvre, en

— 33 —

religion le 11 novembre 1847, à 21 ans.

12. St-Jérôme, (Joséphine Bédard,) fille de Urbain Bédard et de Olive Bédard, née le 14 janvier 1856; entrée en religion le 25 avril 1884.

V

Hôtel-Dieu du Sacré-Cœur, fondé en 1873, par Mgr Taschereau.

1. Ste-Geneviève, (Caroline Galarneau,) fille de Joseph-Jacques Galarneau et de Catherine Paradis, venue de l'Hôpital-Général.

2. Saint-Jean-de-la-Croix, (Marie-Adéline,) fille de Jean-Bte Galarneau et de Brigitte Bédard, née le 15 février 1859; en religion le 29 juillet 1886; prof. le 9 février 1888.

3. Sainte-Ursule, (Marie-Emma,) sœur de la précédente, née le 16 juillet 1867; en religion le 21 novembre 1888; prof. le 10 juin 1890.

3

VI

*Monastère des Ursulines des Trois-Rivières,
fondé en 1697, par Mgr de Saint-Vallier ;
Première Supérieure, Mère Marie
Drouet de Jésus.*

----

1. Mère de la Nativité, (Marie Josephte Pâquet,) née le 7 novembre 1738, fille de Jacques Pâquet et de Catherine Auclair, entrée en religion le 2 mars 1755 ; décédée le 3 septembre 1805. Sa mère était la sœur des MM. Etienne et Pierre Auclair, prêtres, et des trois Religieuses de l'Hôtel-Dieu de Québec. Voici ce que l'Histoire des Ursulines des Trois-Rivières rapporte sur cette vénérable mère.

"Parmi les compagnes de profession de la mère Lapalme de Saint-Henri, se trouvait une jeune fille de Québec, orpheline de père et protégée par Mgr de Pontbriand. Il paya la moitié de sa dot. Elle se nommait Marie-Josephte Pâquet, et sa mère était dame Catherine Auclerc. Cette jeune religieuse répondit parfaitement aux espérances qu'avaient fait concevoir ses belles qualités, et quelques années après son entrée en religion, sa supérieure écrivant à l'évêque de Québec, pourra dire : "J'ai mis à l'hôpital ma sœur de la Nativité d'une vertu et d'une charité reconnues." Ce précepte de la loi du Seigneur : "Vous aimerez le Seigneur votre Dieu de tout votre cœur, de tout votre esprit, de toutes vos forces ; vous aimerez vos frères pour l'amour de Dieu" était l'objet continuel de ses méditations, elle en avait fait l'âme de son âme, et comme la sainteté n'est que l'épanouissement de ces deux amours, nous ne devons pas nous étonner des progrès rapides que Mère de la Nativité fit dans la voie de la vertu. Sa dévotion, quoique tendre, était mêlée d'une divine énergie. "Que ferai-je donc, mon Seigneur, que ferai-je pour vous mon Dieu ? O ! que mes désirs se sont tard enflammés et que vous vous êtes hâté, au contraire, de m'appeler, de m'enchaîner ?... "Elle répétait souvent et avec ferveur ces cris d'amour. Devant le tabernacle, elle savourait en silence la joie intime d'être près de Jésus ; elle s'arrachait pour ainsi dire à ce doux attrait pour recommander au bon maître les pauvres pécheurs et ses chers malades. "Le matin, je fais un pacte avec le bon Jésus, je verse sans compter mes travaux, mes sacrifices, mes prières dans le trésor commun, le Seigneur y prend ce qu'il veut pour nos pauvres gens de l'hôpital.

"Pourquoi faut-il nous arrêter si tôt dans la biographie de cette sainte âme ? C'est que son humilité était aussi grande que ses autres vertus, et qu'elle eut toujours grand soin de ne rien laisser entrevoir au dehors des douces faveurs dont son âme était comblée. Fidèle, modeste, douce et tendre, elle devint l'appui de ses supérieures ; et quand sonna l'heure des infirmités et des souffrances, mère de la Nativité bénit l'amour de Celui qui l'unissait aux douleurs du calvaire : elle redisait ses saintes espérances, elle entrevoyait à travers les angoisses de l'exil, le bonheur du ciel. Sa dernière heure, arrivée le 3 septembre 1805, après quarante-neuf ans de profession, fut plutôt celle du triomphe que de la mort.

2. Saint-Charles, (Thérèse Pâquet,) fille de Pierre Pâquet et de Charlotte Renaud, née le 11 mars 1739 ; entrée en religion, le 28 septembre 1775 ; décédée le 23 janvier 1810.

3. Saint-Nicolas, (Françoise Delâge,) fille de Nicolas Delâge et de Thérèse Normand, née le 8 décembre 1765 ; entrée en religion, le 18 décembre 1788 ; décédée le 21 octobre 1820.

4. Saint-Augustin, (Charlotte Bédard,) fille de Basile Bédard et de Josephte Villeneuve, née le 22 août 1788 ; entrée en religion, le 17 mai 1810 ; décédée le 27 mai 1834.

5. Sainte-Agnès, (Marguerite Pepin,) fille de Charles Pepin et de Marguerite Caron, née le 20 juin 1800 ; entrée en religion le 20 janvier 1825 ; décédée le 27 août 1854.

VII

*Couvent du Bon-Pasteur de Québec, fondé en
1850, par Mgr Turgeon et Madame Roy,
(Marie du Sacré-Cœur.)*

1. Marie de la Visitation, (Marie
Elisa,) fille de Charles Trudelle et de
Thérèse Jobin, née le 5 décembre 1835;
entrée le 14 février 1857.

2. M. de Saint-Etienne, (Angélique,)
fille de Jean Villeneuve et de Agathe
Beaumont, née le 5 avril 1835; entrée le
10 juin 1858.

3. M. de Ste-Anne, (Desanges,) fille de
Joseph Paradis et de Louise Pepin, née
le 5 mars 1836; entrée le 16 mars 1859.

4. M. de St-Isidore, (Zoé,) fille de
Raphaël Giroux et de Marie Bourré, née
le 11 juin 1849; entrée le 18 février 1876.

5. M. de Ste-Delphine, (Arthimise,)
fille de Charles Rhéaume et de Marie
Renaud, née le 13 juillet 1863; entrée le
4 novembre 1886.

6. M. de Ste-Jeanne de Valois, (Joséphine Bédard,) fille de Lévis Bédard et
de Marie Paradis, née le 20 septembre
1869; entrée le 4 novembre 1886.

7. M. de St-Pierre, (Véronique Renauld,) fille de Pierre Renauld et de
Alvine Bédard, née le 8 juin 1872;
entrée le 10 septembre 1890.

8. Marie de la Passion (Zélia Pepin,)
née le 31 janvier 1866; entrée le 23
septembre 1891, fille de Joseph Pépin et
de Philomène Julieu.

9. M. de St-Jean-Baptiste, (Maggie
Byrne,) fille de Thomas Byrne et de
Ann Markley, née le 19 décembre 1867;
entrée le 24 novembre 1891.

10. Marie de la Foi, (M. Alma,) fille de
Lévis Bédard, et de Marie Paradis, née
le 5 juillet 1873; entrée le 7 décembre
1891. (Sœur du No. 6.)

11. M. de Ste-Paule, (Cédulie Berthiaume,) fille de Thomas Berthiaume
et de Marie Chartré, née le 18 mars
1875; entrée le 23 mai 1893. Nièce de
de Charles Chartré du Bureau des
Terres de la Couronne.

12. M. de St-Benjamin, (Zélia Sansfaçon,) fille de Jean-Baptiste Sansfaçon
et d'Adèle Cloutier, née le 11 janvier
1875; entrée le 9 février 1893.

13. Marie de la Victoire, (Louise
Paradis,) fille de Xavier Paradis et

d'Odélie Proteau, née le 13 février 1875 ;
entrée le 23 mai 1893.

14. M. de St-Patrice, (Ann Byrne,) fille
de Thomas Byrne et de Ann Markley,
née le 27 octobre 1863 ; entrée le 23 mai
1893. (Sœur du No. 8.)

VIII

*Monastère des Franciscaines de Marie de Québec,
fondé en 1890, par Mgr Bégin, Fondatrice
Marie de Ste-Véronique, (1).*

1. M. Claudia de Jésus, (M. A. Alphon-
sine Paradis,) fille de Joseph Paradis et
M. Clarisse Déry, née le 18 février 1872 ;
entrée en février 1894. (Aujourd'hui en
Italie.)

2. Marie Hélène Paradis, sœur de la
précédente, née le 9 octobre 1874 ; entrée
entrée en janvier 1895. (Aujourd'hui en
Espagne.)

(1) Ma femme possède une de ses lettres que je
reproduis. *Voir :* Ap. No. 2.

IX

*Fraternité des Sœurs du Tiers-Ordre de Québec,
à N.-D. de Lourdes, fondée en 1882.*

---

1. Sr Ste-Louise, (M. Louise Dorion,) entrée le 19 novembre 1882.

2. Ste-Thérèse de Jésus, (Julie-Sophie Trudelle, (fille de Charles Trudelle et de Thérèse Jobin, née le 27 juin 1824 ; entrée le 19 mars 1883 ; profession le 23 mars 1884 ; décédée le 30 avril 1895 ; inhumé dans le nouveau cimetière.

3. Saint-Joseph, (Emélie Trudelle,) sœur de la précédente, née le 23 mars 1828 ; entrée le 2 avril 1893 ; profession le 1er juin 1894.

4. Saint-Ambroise, (Elize Vermette,) Vve d'Ambroise Trudelle, entrée le 8 décembre 1894 ; profession le 8 décembre 1895.

X

*Hospice des Sœurs de la Charité, fondé en 1747,
par Madame d'Youville.*

Il n'y a pas de religieuse née à
Charlesbourg.

XI

*Religieuses du Tiers-Ordre régulier de Saint-
Dominique de Québec.*

Il y a trente-trois sœurs dans cette
communauté, mais aucune est née à
Charlesbourg.

D'ISAAC BÉDARD

A FOURNI AU PAYS DIX-SEPT PRÊTRES, SIX REPRÉ-
SENTANTS AU PARLEMENT, ET DEUX JUGES
DE LA COUR DU BANC DU ROI.

---

*Huit prêtres sont nés à Charlesbourg, un juge et
trois députés.*

Les prêtres nés ailleurs sont :

1. Jean-Charles Bédard, né à Québec (Canardière), le 1er octobre 1783, fils de Charles Bédard et de Brigitte Jobin ; ordonné le 28 septembre 1806, vicaire à Varennes ; 1807, directeur du Collège de Nicolet ; décédé à Saint-Ambroise, le 29 juin 1808, à l'âge de 24 ans.

2. Pierre Bédard, né à Saint-Ambroise, le 22 novembre 1798, fils de Frs Régis Bédard et de Marie Genest, ordonné le 17 octobre 1824, vicaire à Sorel ; 1827, missionnaire aux Iles de la Madeleine ; 1830, curé de Saint-Rémi, où il décède le 31 août 1862.

3. Pierre-Jacques Bédard, né à Beauport, le 17 novembre 1816, fils de

Charles Bédard et de Madeleine Baillargeon, ordonné le 29 janvier 1844, vicaire à l'Islet ; 1845 et 1849, à Saint-Joseph de Lévis ; 1846, missionnaire à Kingsey ; 1850, curé à Saint-Raymond ; 1864, se retire à la Rivière Ouelle ; 1866, missionnaire aux Illinois et à Yankton, au Dakota, où il décède le 26 décembre 1876 ; inhumé à Saint-Raymond.

4. Pierre Bédard, né à Saint-Rémi, le 24 mai 1834, fils de François Bédard et de Marie Provençal, ordonné à Saint-Rémi le 19 novembre 1857, vicaire à Saint-Thimothée ; 1858, à Saint-Jean ; 1859, à Saint-Cyprien ; 1861, à Varennes ; 1864, curé de l'Epiphanie ; 1875, de Saint-Placide ; 1878, à Saint-Constant où il est encore. Il est neveu de Pierre Bédard, curé de Saint-Rémi.

5. Hercule Bédard, prêtre de Saint-Sulpice, né à Saint-Rémi le 22 octobre 1848, fils de François Bédard et de Thaïs Gauthier, ordonné à Paris le 30 mai 1874 ; professeur au collège de Montréal ; 1887, vicaire à Saint-Jacques ; 1889, à Notre-Dame de Montréal. Il est neveu du précédent.

6. Pierre-J.-B. Bédard, né à Saint-Rémi, le 5 novembre 1842, fils de Charles Bédard et de Louise Parent, (sœur de Barnabé Parent de Charlesbourg,) ordonné à Montréal le 22 décembre 1866; vicaire à Notre-Dame de Grâce; 1868, à Saint-Valentin, décédé à Fall River, Etats-Unis, le 24 août 1884. Il est aussi le neveu de Pierre Bédard, curé de Saint-Rémi.

7. Pierre Bédard, né à Saint-Raymond, le 10 juillet 1860, fils de Pierre Bédard et de Marceline Parent, ordonné à Ottawa le 26 mai 1888; vicaire à Saint-Thomas d'Alfred, Ontario. Son père a été élevé par Marguerite Légaré de Charlesbourg.

8. Julien-Augustin Bédard, O. M. I., ordonné le 24 juin 1887, missionnaire au Lac Williams, (N.-W.,) né en 1858, fils de J.-Olivier Bédard de la Pointe-Fortune.

9. Ferdinand-Chs Bédard né à St-Colomban, le 9 août 1869, fils de Ferdinand Bédard et de Aurélie Drapeau, ordonné à Sherbrooke le 19 mai 1894; 1895, à Danielsonville, Con. Il est

petit cousin de Jacques Bédard, du Gros Pin.

———

Le juge Pierre Bédard, né le 14 novembre 1762, membre du Parlement en 1792, pour Northumberland, (Montmorency aujourd'hui.) Marié à Québec, le 26 juillet 1796 à Luce Lajus.

Bédard (Joseph,) notaire, représente York, en 1801-1805.

J.-B. Bédard, frère d'Antoine, curé de Charlesbourg, membre pour le Comté de Québec, en 1810-1814.

Elzéar Bédard, fils du juge, et plus tard juge lui-même, membre pour Montmorency, 1834-1838. Il fut le premier maire de Québec, 1833-1834.

Isidore, frère du précédent, représente le Saguenay, en 1830-1834.

En 1892-1896, Joseph Bédard, membre pour Richmond.

SUBDIVISIONS

DES PAROISSES DE CHARLESBOURG ET DE
ST-AMBROISE, 1683, 1722, 1796,
1835 ET 1845.

La Seigneurie de Notre-Dame-des-Anges avait été concédée le 10 mars 1626 par le Duc de Ventadour, lieutenant-général du Roi, aux Révérends Pères Jésuites, " en don irrévocable et perpétuel," sans conditions ni réserves.

Dans un " Plan général de l'estat présent des Missions du Canada, fait en l'année 1683," qui a servi de base à un Mémoire que Mgr de Laval présenta au Roi en 1684 sur la fixation d'un certain nombre de Curés en Canada (Abeille, Vol. I, No. 17 et suiv.), on lit au sujet de Charlesbourg :

" Monsieur Thury prêtre aagé de 31 ans venu de France en l'année 1675 dessert la paroisse de Charlesbourg qui est dans les terres à une lieue et demie de Québec du costé du nord-ouest.

" Cette paroisse est composée de 7 villages, scavoir, la petite Auvergne, St-Claude, le Bourg-Royal, St-Joseph,

St-Bernard, le petit St-Antoine, autrement dit St-Romain," (St-Romain est situé sur le fief Saint-Ignace, et le Petit Saint-Antoine sur le fief Saint-Gabriel,) le Petit St-Antoine a été habité avant la Misère et St-Romain.

" Charlesbourg tient le milieu de tous ces villages qui n'en sont éloignez que d'une lieue au plus ; il y a 77 familles et 397 âmes ; il y a une petite chapelle dans Charlesbourg dédiée à St-Charles, qui n'est bastie que de pieux et prête à tomber, sans presbitaire."

Les Révérends Pères Jésuites avaient une habitation à la petite Auvergne, ils ont eu beaucoup de difficultés avec un nommé Jacques Fournier, Sieur de la Ville, et au nom de sa femme, à propos de cette habitation. Cette cause est venue plusieurs fois devant le Conseil Souverain. Le R. P. Mathieu était procureur pour les Jésuites. (En 1684, l'Auvergne était le grand centre de la paroisse.)

La Paroisse de St-Charles de Charlesbourg

Edits et ordonnances du 3 mars 1722.

L'étendue de la paroisse de St-Charles Borromée située au dit lieu de Charlesbourg, en la Seigneurie de Notre-Dame-des Anges, sera de trois lieues et dix-huit arpents de front ou environ, à prendre du coté d'en bas au bout de la profondeur des habitations qui sont le long de la baie de la Rivière St-Charles et de la paroisse de Québec, depuis le grand chemin de Bourg-Royal à la grève, en remontant le long du bout des profondeurs des habitants établis sur le bord de la Rivière St-Charles, qui sont de la paroisse de Québec, et le long des profondeurs des habitants qui sont de la paroisse de la Vieille Lorette, jusqu'au fief de Gaudarville, ensemble des profondeurs renfermées dans ces bornes lesquelles étendues et profondeurs, comprenant les villages suivants, savoir ; le Petit-Village, le Gros-Pin, Saint-Jérôme dit Lavergne, Bourg-Royal, Bourg-la-Reine, Charlesbourg, St-Claude, St-Pierre, St-Joseph, St-Bona-venture, St-Bernard, St-Romain, St-

Gabriel, St-Jacques, Pincourt, le Petit St-Antoine, et le Grand St-Antoine.

Enregistré au Bureau du Procureur Général du Roi, le 2 octobre 1722.

Edits et ordonnances du 15 Septembre 1727.

1e. Pierre Regnaut, junior, François Savard, Joseph Regnaut et Jacques Savard, habitants du lieu dit l'Ormière, "ou route Ste. Barbe," dépendant de la paroisse de l'Ancienne Lorette, seront à l'avenir de la paroisse de St-Charles Borromée de Charlesbourg.

2e. Le Sieur Maillou,--Jacques Parent et la veuve de Delâge dit Lavigueur, établis au Petit Village dépendant de la paroisse de Charlesbourg, dépendront à l'avenir de la paroisse de Beauport.

3e. La veuve Vandandaigne, François Paquet et François Trefflé dit Rottot, du Petit-Village, resteront de la dite paroisse de Charlesbourg.

Proclamation du 18 juin 1845.

Pour connaître aujourd'hui les limites de la paroisse de Charlesbourg, il nous faut lire les limites de la nouvelle paroisse de St-Ambroise.

Mgr Hubert lui donna saint Ambroise pour patron, le 11 novembre 1795.

Fixa les limites, le 6 octobre 1796.

Paroisse de Saint-Ambroise, dans le district de Québec, érigée par proclamation de Son Excellence Archibald, comte de Gosford, gouverneur en chef du Haut et du Bas-Canada, datée à Québec le 9 octobre 1835, et bornée comme suit, conformément à un rapport de MM. J.-B.-E. Bacquet, Hector-S. Huot, et de E. Caron, commissaires nommés à cette fin, suivant la loi, savoir :

" La dite paroisse devra comprendre partie des seigneuries ou fiefs Gaudarville, St-Gabriel et Saint-Ignace ci-après désignés, comprenant une étendue de territoire d'environ six milles de front sur six milles de profondeur, bornée par la paroisse de Québec, actuellement appelée la paroisse Saint-Roch, par les paroisses de l'Ancienne-Lorette et de Charlesbourg ; le dit

territoire contenant au nord et au
nord-est les établissements du Lac
Saint-Charles, au sud-ouest de la ligne
du fief Saint-Ignace, les cotes St-Ignace
et St-Romain, jusqu'au nord à la ligne
du fief Saint-Ignace et jusqu'à la rivière
du Berger, et de là en suivant le cours
de la dite rivière jusqu'à la borne qui
sépare la dite paroisse de Saint-Ambroise de celle de Saint-Roch de Québec ;
aussi cette partie de la côte Saint-
Bernard qui est au sud-ouest du lac
Saint-Charles susdit, et cette partie de
la côte Saint-Bonaventure qui se trouve
au sud-ouest de la dite rivière du
Berger qui traverse le fief Saint-Ignace ;
au sud et au sud-ouest les côtes de la
Misère, l'Ormière, Sainte-Geneviève, la
Montagne, c'est à-dire les 9e. 10e. 11e.
12e. et 13e. concessions du fief Gaudarville ; à l'ouest les 1e. 2e. 3e. concessions,
dites de Valcartier, à l'est de la rivière
Jacques-Cartier."

9 octobre 1835.

Nous ne pouvons pas parler de Charlesbourg sans dire quelques mots de St-Ambroise, puisque Charlesbourg et St-Ambroise ont fait une seule paroisse, durant plus d'un siècle.

Il y aura un siècle le 6 octobre (1896,) que Charlesbourg *enfanta* Saint-Ambroise. Mgr Jean-François Hubert lui avait donné ce nom le 11 novembre 1795. Cette nouvelle paroisse n'était composée uniquement que des enfants de Charlesbourg. On pourrait dire que son premier curé fût un enfant de Charlesbourg, même de St-Ambroise, puisque son père est né à Saint-Romain le 27 mai 1729. M. Joseph Pâquet premier curé de Saint-Ambroise, était fils de Jean-Baptiste Pâquet et d'Elisabeth Charest. Son père était fils de Jacques Pâquet et de Catherine Auclair, (sœur des RR. MM. Auclair, tous deux de Charlesbourg.) Il était le frère de Josephte Pâquet dite Sr de la Nativité, religieuse aux Ursulines des Trois-Rivières, dont il est parlé ailleurs dans ce volume. M. Pâquet a baptisé Pierre Bédard, premier prêtre né à St-Ambroise. Le Rév. M. Giroux, curé actuel, est aussi un enfant de Charlesbourg, il est né sur l'ancienne Habitation des Jésuites du Bourg-Royal. C'est lui qui a la direction de l'ancienne Mission Huronne des Jésuites de la Jeune Lorette depuis 26 ans.

En 1891, M. Giroux a fait remplacer la vieille église de St-Ambroise par un beau temple qui lui fait honneur ainsi qu'à ses paroissiens. Il a aussi fait faire un beau cimetière, près de son église. On a fêté le premier centenaire le 21 octobre 1894. A ce propos voici ce que l'*Evénement* rapporte :

CELEBRATION DU CENTENAIRE

ST-AMBROISE DE LA JEUNE LORETTE.

Dimanche dernier, les paroissiens de St-Ambroise de la Jeune Lorette célébraient solennellement le centenaire de l'érection de leur paroisse.

L'église paroissiale était trop petite pour contenir la foule énorme qui se pressait dans ses murs. Un convoi spécial arrivé de Québec, avait amené un grand nombre de personnes de la capitale et des environs.

L'église, pour cette importante circonstance, avait revêtu une parure qui lui donnait un aspect digne de la fête qu'on célébrait. Elle était décorée avec un goût remarquable.

Mgr Bégin, a officié pontificalement. Rév. M. Hoffman, curé de Charlesbourg, remplissait auprès de l'archevêque les fonctions de prêtre assistant. Ce rôle lui appartenait, car la paroisse de Saint-Ambroise a été formée d'un démembrement de Charlesbourg. Les diacres d'honneur étaient le Rév. M. Villeneuve, ancien curé de St-Victor de Tring, et le Rév. M. R. Casgrain, chapelain du pensionnat de Bellevue. Le Rév. M. F. Pelletier, du séminaire de Québec, agissait comme diacre et le Rév. Gus. Rémillard, vicaire de St-Roch, comme sous-diacre.

Le sermon a été donné par le Rév. Père jésuite Béliveau. Le pédicateur a parlé avec beaucoup d'éloquence du rôle de l'Eglise dans la paroisse catholique.

On remarquait au chœur, le Rév Père Royer, des Oblats de St-Sauveur, le Rév.

C. Arsenault, secrétaire de Mgr Bégin, et les abbés Odilon Savard, Hector Verret et Elzéar Blanchet, séminaristes, enfants de la paroisse, M. et Mme Frémont, ainsi que M. et Mme Fitzpatrick, étaient au bas chœur. M. Ernest Gagnon tenait l'orgue que, par une heureuse coïncidence, on inaugurait le jour du centenaire. M. Gagnon sut en tirer des sons d'une douceur et d'une harmonie incomparables. La foule immense qui l'écoutait était litéralement sous le charme.

A deux heures de l'après-midi, il y eut bénédiction solennelle du St-Sacrement à la chapelle du village Huron. Le chant en la langue huronne a été très goûté. Cette mélodie, tantôt lente et traînante, tantôt vive et alerte, est vraiment belle. Dans la soirée, il y a eu illumination générale du village et feux d'artifice.

Bref, la fête a été belle et imposante en tout point, et tous les paroissiens ont rivalisé de zèle et de dévouement pour faire de la fête du centenaire une démonstration aussi grande que possible.

NOTES HISTORIQUES.

Le premier curé de la Jeune-Lorette fut le Rév. Messire J. Pâquet. Il alla prendre charge de cette paroisse au mois d'octobre 1794. Jusqu'au 2 décembre 1795, les offices religieux furent célébrés dans la chapelle du village des Hurons, qui était le seul temple de la localité. La première église fut construite dans l'été de 1795. Elle servait en même temps de presbytère et fut occupée par les curés de cette paroisse jusqu'en 1874, alors qu'elle fut démolie pour faire place au presbytère actuel.

La bénédiction de cette chapelle eut lieu le 2 décembre 1795. Le même jour on fit la bénédiction du nouveau cimetière. Jusque-là, les inhumations avaient été faites dans le cimetière des Hurons. En 1798, la chapelle étant devenue trop étroite pour la population de la paroisse, on commença la construction d'un temple de 106 x 48 pieds qui fut livré au culte en décembre 1801. Cette église fut consacrée le 18 octobre 1810. Elle a été démolie en 1890.

Voici les noms des curés qui ont desservi la paroisse pendant ce premier centenaire : Révd Messire Joseph Pâquet, de 1794 à 1799 ; Messire Michel Amyot, 1799 à 1801 ; Révd François Ignace Ranvoyzé, 1801 à 1805 ; Messire Antoine Bédard, 1o. 1805 à 1817 ; Messire François Rivard-Loranger, 1817 à 1818 ; Messire Antoine Bédard, 2o. 1818 à 1824 ; Messire Thomas Cook, 1824 à 1835 ; Messire Louis-Théophile Fortier, 1835 à 1844 ; Messire François Boucher 1844 à 1880 ; il a bâti le presbytère que l'on voit maintenant ; curé actuel, Messire G. Giroux, 1880 à 1894, il a été vicaire de son prédécesseur de 1870 à 1880, il a bâti l'église actuelle qui, lorsqu'elle sera terminée, sera une des plus belles églises de l'archi diocèse. La population de St-Ambroise est de 3,782 âmes, dont 2,796 communiants. Il y a 708 familles, en comptant les Hurons, qui continuent à être desservis dans leur chapelle.

Le premier maire de la paroisse fut Joseph Savard, puis viennent, suivant l'ordre d'ancienneté : MM. Pierre Beaulieu, J.-A. Verret, Chs Durand, Prosper

Martel et Alexandre St-Amand, le maire actuel.

La population actuelle de la paroisse est d'environ 4,000 âmes. Sa superficie est d'environ 36,524 arpents, et l'évaluation en est de $642,765. Il y a deux médecins, deux notaires, un arpenteur, un pharmacien et une douzaine de marchands.

Parmi les industries, on peut mentionner d'une manière toute spéciale : un moulin à papier, deux moulins à farine, quatre moulins à scie, puis la célèbre fabrique des souliers mous et des raquettes.

Evénement du 24 octobre 1894.

On peut dire sans crainte, aujourd'hui, que c'est une paroisse des plus prospères, des plus belles et des plus grandes du pays, peut-être un peu trop grande. Saint-Ambroise, après cent ans d'existance, pourrait donner une nouvelle paroisse sans se faire tort.

Il est à espérer que bientôt, Sa Grandeur Mgr l'Archevêque de Cyrène jettera un regard favorable et bienveillant sur les enfants des premiers ancêtres de Charlesbourg qui habitent le Lac St-Charles et ses environs. Il y a là 75 familles, y compris celles du côté nord-ouest de la montagne St-Charles, le chemin de la Pageot, (St-Martin,) Courte-Botte et le Lac du Bon Larron qui pourraient faire partie de la nouvelle paroisse sous le vocable de N.-D. du Bon Larron.

Voici quelques noms de ces habitants qui sont bien connus à Charlesbourg : Auclair, Bédard, Rhéaume, Pâquet, Verret, Savard, Martel, Beaulieu, Henne dit Lepire.

CURES

1. Premier curé, M. Joseph Pâquet, né à Québec, le 20 mai 1763, fils de Jean-Bte Pâquet et d'Elisabeth Chaurest ; ordonné le 15 août 1790 ; 1794, curé de St-Ambroise, où il décède le 17 août 1799.

2. M. Michel-A. Amyot, né à Verchères le 21 octobre 1766, fils de Joseph Amyot et de Madeleine Privé ; ordonné le 24 mars 1792 ; 1795, curé de St-André et de la Rivière-du-Loup ; 1799, de St-Ambroise ; 1801, missionnaire à Tracadie ; 1806, curé de Repentigny, où il décède le 23 mars 1834.

3. François-Ignace Ranvoyzé, né à Québec, le 7 septembre 1772 ; fils de François Ranvoyzé et de Vénérande Pellerin ; ordonné le 20 août 1797 ; vicaire à Québec ; 1801, curé de St-Ambroise ; 1805, de Sainte-Anne de Beaupré ; retiré en 1837, et décédé le 17 janvier 1843, à Ste-Anne.

4. M. Antoine Bédard, 1805 à 1817, et 1819 à 1824.

Pour sa notice voir :—CURÉ DE CHARLESBOURG.

5. M. François-Germain Rivard-Loranger, né à Saint-Cuthbert, le 22 février 1790, fils de François Rivard et de Geneviève Baril ; ordonné le 4 février 1816 ; vicaire à Deschambault ; 1817, à Saint-Ambroise ; 1818, à Saint-Thomas ; 1819, de Champlain et de Batiscan ; 1836, chapelain de l'Hôtel-Dieu de Québec ; 1848. curé de Bécancourt ; 1850, chapelain des Ursulines des Trois-Rivières et vicaire général en 1852 ; décédé aux Trois-Rivières, le 28 novembre 1857.

6. M. Thomas Cooke, 1824 à 1833, né à la Pointe-du-Lac, le 9 février 1792, fils de Thomas Cooke et d'Isabelle Guay ; ordonné le 11 septembre 1814 ; nommé premier évêque des Trois-Rivières le 8 juin 1852 ; sacré sous ce titre le 18 octobre 1852 ; décédé le 30 avril 1870. Quelque temps après son sacre, Mgr vint faire une visite à ses anciens paroissiens. Ils lui firent une démonstration digne de son rang. On fit une grande procession de l'église paroissiale à l'église des Hurons. Le soir, il y eut

feu d'artifice et illumination. Les paroisses environnantes y prirent part.

7. M. Louis-Théophile Fortier, né à Québec le 13 décembre, 1803, fils de Louis Fortier et de Marie-Anne Coutant ; ordonné le 1er octobre 1826 ; directeur du Collège de Chambly ; 1828, missionnaire de Nipissiguit ; 1829, de Caraquet ; 1831, des Trois-Pistoles ; 1835, de Saint-Ambroise ; 1844, de Nicolet, où il décède le 27 mars 1874.

8. M. François Boucher, né à Saint-François de la Beauce, le 12 mars 1803, fils de Pierre Boucher et de Catherine Perras ; ordonné à la Rivière Rouge le 16 août 1829, (il est le second prêtre ordonné à la Rivière-Rouge,) où il s'était rendu, n'étant encore que minoré ; missionnaire des sauvages de ce territoire jusqu'en 1833 ; il devint curé de l'Ange-Gardien, desservant en même temps les postes du Roi, la Seigneurie de Mingan et Chicoutimi jusqu'en 1844 ; nommé, cette année 1844, curé de Saint-Ambroise avec la desserte de la Mission Huronne, Jeune-Lorette ; décédé le 4 décembre 1880.

9. M. Guillaume Giroux, curé actuel, 1880-1896.

Pour sa notice voir :—PRÊTRES NÉS A CHARLESBOURG.

PRETRES

1. M. Pierre Bédard, né le 22 novembre 1798; fils de Frs Régis Bédard et de Marie Genest; ordonné le 17 octobre 1824; vicaire à Sorel; 1827, aux Iles de la Madeleine; 1830, curé de Saint-Rémi, ou il décède le 31 août 1862.

2. M. Michel Racine, né le 8 novembre 1815, fils de Michel Racine et de Louise Pepin; ordonné le 24 mai 1838; décédé le 3 mars 1845; inhumé dans l'église de St-Roch de Québec.

3. Jean-Bte Chartré, né le 10 juin 1814, fils de Jacques Chartré et de Josephte Falardeau; ordonné le 11 août 1839; vicaire à Ste-Famille; 1841, curé de Saint-Urbain; 1844, de Ste-Ursule; 1849, de St-Pierre les Becquets; 1855, de Saint-David, où il décède le 27 juin 1875.

4. M. Joseph Auclair, né le 16 juin 1813, fils de Étienne Auclair et de Marie-Jeanne Blondeau; ordonné le 21 septembre 1839; vicaire à Saint-Joseph de Lévis; 1840, à Saint-Roch; 1847, curé de

5

Sainte-Marie de la Beauce ; 1851, curé de Québec ; décédé le 29 novembre 1887 ; inhumé dans la Basilique.

5. M. Antoine Racine, né le 26 janvier 1822, frère de Michel Racine ; ordonné à Québec le 12 septembre 1844 ; vicaire à la Malbaie ; 1849, de Blandford, de Bulstrode et de Stanfold ; 1851, curé de Saint-Joseph de la Beauce ; 1853, desservant de Saint-Jean-Bte de Québec. Préconisé évêque de Sherbrooke le 1er septembre 1874 ; sacré le 18 octobre suivant, dans l'église Saint-Jean ; décédé le 13 juillet 1893.

6. M. Dominique Racine, né le 24 janvier 1828, frère de Mgr Antoine Racine, ordonné le 24 septembre 1853 ; nommé premier évêque de Chicoutimi le 28 mai 1878 ; sacré sous ce titre le 4 août suivant ; décédé le 28 janvier 1888. Il est inhumé à Chicoutimi.

7. M. Prosper Vincent, né le 7 août 1842, fils de Paul Vincent ; ordonné le 2 octobre 1870 ; 1871, vicaire à Sillery ; 1874, curé de Saint-Gabriel de Valcartier ; 1875, vicaire au Cap St-Ignace ; 1878, à Saint-Ambroise ; 1884, à l'Ile des Allumettes, Pontiac ; 1891, à Mont Saint-

Patrick ; 1893, à Saint-Damien. Il est le premier prêtre huron de Lorette.

8. M. Jos.-Ol.-Edmond Verret, né le 18 mai 1859, fils de Olivier Verret et de Mathilde Martel ; ordonné le 25 juillet 1884, à Saint-Ambroise ; vicaire à Beauport ; 1889, à Sillery ; 1891, à la Cathédrale de Sherbrooke ; 1894, Saint-Sylvestre. Il est le neveu de Jacques Verret, boulanger, de Charlesbourg,

AVEUS

ET

DENOMBREMENT

En 1720.

Des habitations de la Seigneurie de Notre
Dame des Anges, des fiefs d'Orsainville,
Saint-Joseph ou l'Epinay, Saint-Ignace,
Hubert et Saint-Gabriel.

Avant de donner cette Aveu et Dénombrement des habitations des fiefs. Il ne sera pas inutile de connaître ce qu'en dit M. Joseph Bouchette, arpenteur général du Bas-Canada, dans sa description topographique du Bas-Canada, éditée à Londres en 1815.

"Notre-Dame des Anges (la seigneurie de), dans le comté de Québec, est située entre D'Orsanville et Beauport ; elle est bornée en front par les Rivières St. Charles et St. Laurent, et au fond par le township de Stoneham ; elle a une lieue de largeur sur quatre de profondeur ; elle fut accordée le 10 Mars, 1626, à l'Ordre des Jésuites, et comme leurs autres propriétés, elle est retournée à la couronne. Dans cette seigneurie, la plus grande partie de la terre est d'une qualité supérieure, et également distinguée par sa fertilité : vers le front on trouve une bonne terre grasse mêlée d'argile et de sable ; au-delà et plus vers l'intérieur, il y a un beau terreau noir beaucoup plus sec et plus friable que la précédente, et dans le fond une bonne marne domine : la surface est inégale, et après avoir présenté un beau terrain plat près de la rivière, elle s'élève en chaînes de collines par degrés jusqu'à la limite du fond vers laquelle elle devient brisée, rude, et montagneuse. Environ les deux tiers de toute la superficie sont dans le meilleur état de culture et extrêmement bien habités. Le terrain plat près de la rivière s'appelle La Canardière, et il est entièrement employé en prairies et en pâturages ; les premières produisent d'abondantes récoltes de foin d'une qualité supérieure. Les terres labourables sont très-fertiles en grain de toute espèce, et il y en a en outre une quantité considérable qui est employée en jardins, où l'on cultive toute sorte de légumes d'une excellente qualité, pour l'approvisionnement de la capitale. Les parties les plus cultivées sont très-peu boisées, et présentent seulement de temps en temps des réserves où les arbres sont d'une dimension inférieure et de peu de valeur; mais ils embellissent assez agréablement le pays; vers le fond le bois est abondant, et le terrain est concédé aux habitans en petites portions pour leur chauffage et leurs usages domestiques, et outre leur propre consommation, ils en fournissent une grande quantité pour l'usage de Québec. Le rivage du St-Laurent, en front de cette seigneurie, sert de chantier, et il est pourvu de vastes perches et de tous les moyens nécessaires pour assurer le bois de construction. Le village d' Charlesbourg est agréablement situé sur une éminence d'une hauteur considérable, à environ une lieue au nord de Québec, et il est composé d'environ quarante maisons bien bâties qui la plupart ont une apparence respectable, et d'une belle église et d'un presbytère. Un bon jardin et un petit verger forment les dépandances de chaque habitation. On y tient toujours les élections des membres du parlement pour le comté. Un peu au-dessous du village, sur le penchant d'une petite éminence située au nord d'une route de concession ou de traverse, se trouve un petit groupe de belles maisons, appelé ordinairement le Petit Village, qui ne le cède point à l'autre par la beauté de sa situation. Des deux routes qui conduisent du pont de Dorchester, l'une à main gauche s'appelle le Chemin de Charlebourg, et l'autre La Canardière, ou le Chemin de Beauport. Sur la derniere il y a une suite de belles maisons, d'excellens jardins, et de fermes très-bien cultivées. Deux maisons d'une élégance supérieure, qui appartiennent à l'Honorable P. Debonne, attirent ordinairement l'attention, par les avantages d'un bon style d'architecture et d'une excellente situation, par leurs beaux jardins, et par les arbustes et les plantations qui les entourent. Il y a aussi une maison très-spacieuse qui appartient aux Ecclésiastiques de Séminaire de Quebec, généralement connue sous le nom de La Maison des Prêtres :

îls la retiennent entre leurs mains
comme ferme, et elle sert aussi de lieu
de récréation pour tous les membres de
cet établissement une fois par semaine.

" D'ORSANVILLE (autre fief), au nord-
est de l'Epinay, est une petite concession
qui ne contient qu'une superficie de
3575 arpens, faite en Mai, 1675, par lettres
patentes du Roi, aux Religieuses de
l'Hôpital Général de Québec, de qui elle
n'a jamais été aliénée. Le sol dans ces
deux pièces porte le même caractère,
étant composé d'une terre légère et
sablonneuse, entremêlée d'argile vers le
front ; en avançant vers l'intérieure,
elle se change en terreau noir, et dans
le voisinage des montagnes c'est une
bonne marne jaune : depuis la Rivière
St. Charles, la surface est inégale et
s'élève de collines en collines jusqu'au
fond, où elle est plus escarpée et plus
brisée. Près de la rivière, il y a dans
les deux consessions de belles prairies
et de beaux pâturages ; environ la
moitié des terres labourable est en très-
bonne culture, et produit du froment et
d'autres grains en abondance, aussi bien
qu'une grande quantité de différens

Iégumes pour la consommation de la ville. Les parties basses sont assez peu boisées, mais sur les éminences et sur le penchant des montagnes, on trouve en profusion de beau hêtre, de l'érable, du bouleau, et d'autre bois de la meilleure qualité. La petite Rivière jaune et plusieurs petits courans qui tous se jettent dans le St. Charles, arrosent abondamment les terres cultivées.

"L'Epinay (fief), dans le comté de Québec, joint St. Ignace, et est borné par la Rivière S. Charles en front, et le township de Stoneham au fond ; il a onze arpens de largeur sur quatre lieues de profondeur : il fut accordé le 28 Février, 1626, à Louis Hebert.

"St. Ignace (la seigneurie de), dans le comté de Quebec, est bornée en front par la Rivière St. Charles, au sud-ouest par Sillery et St. Gabriel, au nord-est par L'Epinay et le township de Stoneham, et au fond par la seigneurie d'Hubert ; elle a une demie-lieue de front, sur dix lieues de profondeur ; elle fut accordée le 20 Octobre, 1652, à la communauté de l'Hôtel Dieu, à laquelle elle appartient encore. A l'égard de la qualité de la terre et des particularités du sol, il y a une grande ressemblance entre cette seigneurie et celle de St. Gabriel ; la partie basse est grasse, fertile, et bien cultivée, pendant plus de deux lieues vers le Lac St. Charles, et dans cette étendue, plusieurs fermes produisent abondamment du grain de toute espèce. Sur quelques terrains, on cultive le lin avec grand succès : sur la Rivière St. Charles, les pâturages et les prairies sont si beaux, qu'ils ne le cèdent presque à aucun autre dans la province : au-dela du lac, le pays prend un caractère montagneux et stérile, et ne présente point de terre sur laquelle l'industrie puisse exercer l'agriculture avec espoir de succès. Dans la partie basse de la seigneurie, le peu de bois de construction qui reste est d'une dimension inférieure, et se borne à quelques pièces de terre boisée, éparses çà et là ; mais dans le voisinage du Lac St. Charles, et plus loin vers le fond, on en trouve une grande quantité de la plus belle espèce. Les Rivières Jacques Cartier, Ste. Anne, et Batiscan, la traversent dans les intervalles qui

séparent les différentes rangées de
montagnes, et la partie cultivée est
parfaitement bien arrosée par la Rivière
et le Lac St. Charles, ainsi que par
plusieurs petits courans. Le Lac présente une des scènes les plus délicieuse-
ment pittoresques de toute la province ;
sa forme est étroite et irrégulière, et il
a un peu plus de quatre milles de
longueur : vers le milieu, une pointe de
terre saillante s'étend presque d'un côté
à l'autre, et ne laisse qu'un petit détroit
par lequel se communiquent les eaux
presque séparées : situé dans un pays
bas et plat, il est entièrement entouré
de collines d'une élévation considérable,
couvertes de bois épais : celles-ci sont
couronnées par des montagnes plus
éloignées qui s'élèvent très-soudaine-
ment au nord. Le bord du lac présente
une apparence à la fois sauvage, roman-
tique, et délicieuse : le cours irrégulier
de ses rivages bas forme de nombreuses
petites baies et des pointes de terre où
les arbres qui viennent jusqu'au bord
de l'eau, complètent par la variété de
leur feuillage, et leur différente hauteur
à mesure qu'ils s'élèvent sur les diverses

collines, une des vues les plus riches qui puissent flatter l'œil d'un admirateur qui préfère une perspective ornée seulement par la main de la nature à celle qui est embellie par les efforts de l'art. Ce charmant panorama est à un peu plus de quatre lieues de Québec, et pendant le printemps et l'été il est fréquemment visité à raison de sa beauté rustique : la route qui y conduit passe entièrement le long de la Rivière St. Charles, et par ses embellissemens, elle augmente beaucoup la satisfaction de ceux qui font ce voyage dont personne ne revient sans une grande satisfaction.

"HUBERT (la seigneurie d'), dans le comté de Québec, est située sur les derrières des seigneuries de St. Gabriel et de St. Ignace, et à raison de son éloignement, elle est entièrement entourée des autres côtés par des terres en friche de la couronne ; elle a deux lieues de largeur sur autant de profondeur ; elle fut accordée le 10 Juin, 1698, au Sieur Réné Louis Hubert. Etant si loin au nord de toutes les terres cultivées, la qualité ou la valeur de cette seigneurie est entièrement inconnue, et même le bois de construction qui s'y trouve ne paraît pas avoir été regardé comme un objet digne d'attention.

" SAINT GABRIEL (la seigneurie de), dans le comté de Québec, est bornée au sud-ouest par Gaudardville, Faussembault, et des terres en friche de la couronne, au nord-est par St. Ignace, en front par Sillery, et au fond par des terres en friche de la couronne ; elle a deux lieues de largeur en front, mais comme les bornes latérales ne sont point parallèles, sa largeur au fond est de plus de quatre lieues ; sa profondeur est de dix lieues : elle fut accordée le 16 Avril, 1647, au Sieur Giffard, et c'est à présent une propriété de la couronne. Deux lieues et demie de ce terrain furent accordées le 13 Mars, 1651, aux Hurons qui habitent le village de la Jeune Lorette, et le reste fut transféré par donation le 2 Novembre, 1667, à l'Ordre des Jésuites, par le Sieur Giffard. La partie basse de cette seigneurie offre une terre bonne et fertile, le sol est en général une belle terre noire ; près des premières montagnes, et dans le voisinage du Lac St. Charles, c'est une marne légère ; le reste, qui forme de beaucoup la plus grande partie de la concession, est si extrêmement rude et montagneux qu'il n'est nullement propre à l'agriculture. Vers le front, le bois de construction est assez rare, d'une grandeur inférieure et de peu de valeur ; mais sur les flancs des éminences et dans l'intérieur, le hêtre, l'érable, et le bouleau sont abondans, et l'on y trouve du pin, et de temps en temps un peu de bon chêne. La Rivière St. Charles y serpente d'une manière très-pittoresque du sud-est au nord-ouest, pendant près de deux lieues, le long de la partie basse de la seigneurie, et reçoit le tribut des eaux de plusieurs petits courans qui servent à l'arroser complètement. Les Rivières Jacques Cartier, Ste. Anne, et Batiscan, la traversent sur différens points entre les montagnes. A une distance d'environ six milles du front, toute la terre est dans un état florissant de culture, et parsemée partout de maisons bien bâties, de bons jardins, et de fermes bien meublées : au-delà de cette partie on ne trouve partout qu'un triste désert qui n'est fréquenté par aucune créature humaine, excepté par les Indiens dans leurs parties de chasse. L'église et le presbytère de St. Ambroise, l'église de la Vieille Lorette, l'église et le village de la Jeune Lorette, un moulin à grain et une scierie, sont tous dans cette concession : des routes communiquent dans toutes les directions avec Québec et les seigneuries d'alentour. Le village Indien de la Jeune Lorette est à huit ou neuf milles de Québec, situé sur la rive orientale de la Rivière St. Charles, sur une éminence qui domine une vue très-intéressante, très-variée, et très-étendue; la ville et les environs de Québec, qui sont toujours superbes de quelque côté qu'on en voie l'ensemble, forment la principale partie de cette vue; mais elle s'étend très-loin sur la rive méridionale, et elle se termine seulement par les formes radoucies des montagnes du sud. Le nombre des maisons est de quarante à cinquante, lesquelles ont à l'extérieur une certaine apparence de propreté; elles sont principalement bâties en bois, quoiqu'il y en ait quelques-unes de

pierre. Les habitans, au nombre d'environ 250, descendant de la tribu de
Hurons, autrefois si formidable même
aux puissans Iroquois, jusqu'à ce que
par un stratagème en quoi les sauvages
font consister la plus grande partie de
leur gloire et de leur mérite, les
derniers, sous le prétexte spécieux d'une
alliance, gagnèrent la confiance de leurs
adversaires, et alors par un massacre
général presque toute la race de ceux-ci
fut anéantie. Le peu qui purent s'échap-
per, fuirent vers les habitations des
hommes civilisés, et s'établirent dans
les forêts sur les derrières de Québec, à
plusieurs centaines de milles de distance
de la terre de leur ancienne tribu sur
les bords du Lac Huron : par les efforts
des Jésuites, ils s'approchèrent insensi-
blement de Québec, et l'on employa tous
les efforts pour les retirer de la vie
sauvage. A présent ils r ssemblent à
peu près aux autres tribus dont nous
avons déjà parlé, quoiqu'ils aient peut-
être fait de plus grand progrès dans la
civilisation ; mais cet avantage se
trouve balancé par les occasions nombreuses que leur fournit le voisinage de

la capitale de se livrer à plusieurs de
leurs inclinations vicieuses, et dont ils
s'empressent assez de profiter. Le Curé
de St-Ambroise fait auprès d'eux les
fonctions de missionnaire, et il a acquis
une influence considérable dans les
affaires religieuses. Dans leurs affaires
temporelles, comme ils parlent assez
couramment le français, ils sont passa-
blement rusés, et savent prendre soin
de leurs propres intérêts. L'église de la
Vieille Lorette est agréablement située
sur la rive occidentale d'une petite
branche de la Rivière St-Charles, sur
une éminence, et elle est presque
entourée par un bosquet de pins, petits
mais beaux. Le presbytère est la résidence à Mr Deschenaux, Grand Vicaire,
et Curé de cette paroisse : cet ecclésiastique, qui est bien connu et très-estimé
d'un cercle nombreux d'amis, tant
Catholiques que Protestans, du premier
rang, a fait un usage très-avantageux
de son bon goût reconnu, dans les
jardins et les autres embellissemens de
cet endroit, qui offrent un air de
profusion qui s'accorde parfaitement

6

avec son caractère généralement hos-
pitalier.

Paroisse de Saint-Zéphirin.

Charlesbourg vient d'avoir une nouvelle voisine, Monseigneur l'Archevêque
de Cyrène a érigé une paroisse sous le
vocable de Saint-Zéphirin, en l'honneur
du Révd M. Zéphirin Charest, premier
curé de Saint-Roch de Québec. Elle est
sur les bords des rivières Saint-Charles
et Lairet, et se compose du village
Stadacona et de l'ancien terrain du
Fort Jacques-Cartier et de la première
Résidence des Jésuites à Québec, (1625.)
Mgr a nommé pour son premier curé, le
Révd M. Louis-Philippe Delisle, jeune
prêtre, né le 3 juin 1857, à N.-D. de Lévis,
fils de Pierre-Célestin Delisle et de Julie
Lacroix ; ordonné le 13 juin 1886 ; vicaire
à N.-D. de Lévis ; 1891, à Saint-Roch de
Québec ; 1896, premier curé de Saint-
Zéphirin de Stadacona. Il a chanté la
première messe paroissiale le jour de
Pâques, le 5 avril 1896, le Révd M. P.-H.-A.

Bernier tenait l'orgue. On avait décoré la petite église et pavoisé les rues pour la circonstance. Ce doit être dans cet endroit que fut dite la première messe dans la Nouvelle-France.

FOI ET HOMMAGE

ou

AVEUS ET DENOMBREMENT

DE LA SEIGNEURIE DE NOTRE-DAME DES ANGES, EN 1720.

I

Le Grospin.

"Qu'au bout des profondeurs du bord du fleuve en commençant vis-à-vis du Domaine, appelé les terres du passage, est un village nommé Grospin, partagé en deux par le grand chemin qui conduit de la ville à Charlesbourg, des deux costés duquel il y a des habitations dont le front commence sur le bord du chemin scavoir;—Du costé nord-est du dit chemin sont les habitants c'y après en remontant au Nord-est quart de nord jusqu'au lieu ou se forme le Trait-quarré imparfait du Bourg appellé Lauvergne."

Tous ces habitants possèdent une maison et une grange.

1. Barthélemy Cotton, fils, (m. à Madeleine Willis,) 4 arpens de front au bout de la terre de Jean Normand, (ancêtre de M. F. Normand organiste de Charlesbourg.) Cette terre est la première du côté nord-est du chemin de Charlesbourg. (P. a. Chs Bédard.)

2. Pierre Glinel, (m. à Geneviève Gingras ; en 1710, à Thérèse Lefebvre,) 4 arpens. Il était passeur de la petite rivière St-Charles. (P. a. Sylvestre Sylvestre du Bureau de la colonisation.)

3. M. Boissel, Grand Voyer, 4 arpens.

4. Habitation, 4 arpens à Barthélemi Cotton, (m. à Jeanne LeRouge.) Il était chapelier, sa boutique était sur la rue St-Valier près de la côte à Cotton ; d'où vient l'origine du nom de la côte à Cotton.

5. Habitation, 2 arpens à Michel Cannard dit Renaud, (m. à Marie Rénée Réaume.) Il était fils de Mathurin Renaud et de Marie Pelletier. Successeur : Pierre Renaud, (m. à Marie Gariépy,) père de Pierre-Simon Renault, curé de Beauport ; né le 13 février 1731 ; ordonné le 30 mars 1754 ; nommé en 1759,

curé de Beauport, où il décède le 26 janvier 1808.

6. Habitation, 2 arpens aux héritiers de Pierre Cannard, (m. à Angélique Fache.) Successeurs : Pierre Renault, (m. à Angélique Fortier,) Jean-Baptiste Dorion, (m. à Marguerite-Angélique Renault,) Pierre Dorion, (m. à Marie Roy-Audy,) Pierre Dorion, (m. à Marie-Charlotte Lessard,) Charles Dorion, (m. à Clarisse Bédard.) (P. a. Cyrille Dorion, fils de Pierre, et neveu de Charles Dorion.)

7. Habitation, 2 arpens à Jean Penisson, (m. à Catherine Monet.)

8. 2 arpens à François Dubois, (m. à Marie Guilbault.) Ici, une lacune. Successeur : Joseph Delage, (m. à Marguerite Magnan,) père de M. F.-X. Delâge, curé de Chambord, et de Jean-Bte Delâge, notaire. (P. a. Jean-Bte Delâge.)

9. Habitation, 3 arpens à Charles et Jacques Villeneuve, Jacques, (m. à Anne Chalifour,) et Charles, (m. à Rénée Bédard,) fils de Mathurin Villeneuve et Marguerite Lemarché, premier ancêtre canadien des Villeneuve de Charlesbourg. Ils avaient 3 terres au Trait-

quarré de Charlesbourg. (P. a. Jacques Bédard.)

"Que du costé du nord-ouest du chemin sont"

1. André Bernier, (m. à Anne Bouré,) 3 arpens. (P. a. Napoléon Dorion, courrier des postes.

2. Aux héritiers de Hilaire Bernard de la Rivière, 5 arpens. (P. a. Madame Veuve Pierre Dorion.

3. Jean Maranda, (m. à Marguerite Guilbault, aïeul de Mgr Hubert,) 2 arpens.

4. Habitation des Ursulines de Québec, 2 arpens. (P. a. Jean Delâge.)

"Que le long de la ligne des Ursulines et Charles et Jacques Villeneuve, commence le Trait-quarré imparfait du Bourg Lauvergne, jointe à la ligne imparfaite du Trait-quarré de Charlesbourg.'

II

Petite Auvergne, costé est.

1. Habitation à Veuve Louis Bédard, (Madeleine Huppé,) 6 arpens allant en pointe.

Cette habitation est celle qu'occupait Isaac Bédard, (m. en 1645, à Marie Girard,) premier ancêtre Canadien de toutes les familles portant le nom de Bédard, d'après le Dictionnaire généologique de Mgr Tanguay. Il est le premier habitant de la Petite Auvergne. Ne conviendrait-il pas à tous ces descendants vivant actuellement, et qui se comptent par centaines, de contribuer par la modeste souscription d'un centin seulement, à l'érection d'un petit monument sur l'habitation de leur premier ancêtre Isaac Bédard ? Inhumé le 15 janvier 1689 à Charlesbourg.

Successeurs de cette habitation en ligne directe :

Isaac Bédard, (m. en 1645, à Marie Girard.)

Louis Bédard, (m. en 1678, à Madeleine Huppé.)

· Bernard Bédard, (m. en 1712, à Thérèse Roy-Audy, aïeule des évêques Racine, après la dispense de 3 bancs, se m. en 1714, à Marguerite Parent.)

Charles Bédard, (m. en 1753, à Josephte Jobin,) père de M. Antoine Bédard, curé de Charlesbourg.

Charles-Thomas Bédard, (m. à Charlotte Bourré.)

Jean-Baptiste Bédard, (m. à Josephte Cloutier.)

Barthélemi Bédard, (m. à Belzimire Crête,) est le p. a. La maison de Charles Bédard, (m. à Josephte Jobin,) était de l'autre côté du chemin, au nord-ouest de Urbain Bédard, et celle de J.-Bte, membre du Parlement, (aïeul de Olive Bédard, épouse de Urbain Bédard,) où est Urbain Bédard.

Isaac Bédard avait 2 garçons et une fille :

Jacques, (1° m. en 1666, à Isabelle Doucinet ; 2° m. en 1702, à Jeanne Renault.)

Louis, (m. à Madeleine Huppé, 1678.)

Marie, (m. en 1664, à Nicolas Huppé ; 2° m. en 1681, à André Auclair, frère de Pierre I.)

Si ses descendants voulaient fêter le deux cent cinquantième anniversaire de son mariage, (1645,) ils seraient très nombreux, d'après les quelques guides suivants, (1895) :

Ville de Québec	133	familles.
Ville de Montréal	68	"
Cantons de l'Est	127	"
Charlesbourg	59	"
Ville d'Ottawa	30	"
Saint-Ambroise	23	"
Ancienne-Lorette	14	"
Sainte-Foye et Cap-Rouge	14	"
Beauport et Lévis	17	"

485 familles.

Sans compter les autres villes et les autres paroisses du Canada et des Etats-Unis. Chose remarquable, d'après le Dictionnaire de Mgr Tanguay et les *Directory* de Québec et de Montréal, aucun descendant n'a pris le nom d'Isaac.

2. Habitation, 2 arpens à Charles Huppé, fils de Nicolas Huppé et de Marie Bédard. (P. a. Narcisse Hamel,

avocat ; la croix perpétuelle est plantée sur sa terre.)

3. Habitation à veuve Louis Bédard, pas de bâtisse, 2 arpens.

4. 80 arpens en superficie à Pierre Jean Godon, (m. à Catherine Blondeau, veuve du docteur Nicolas Sarazin ; 2° m. à Louise Dubau.)

5. 40 arpens à Jean Penisson, (m. à Isabelle Cotin-Dugal,) 1er ancêtre de tous les Penisson ou Pelisson.

Petite-Auvergne, côté nord-ouest.

1. Jean Penisson, (m. à Isabelle Cotin Dugal,) 80 arpens en superficie, dont 15 en culture, pas de bâtiment.

2. Aux héritiers de Joseph Colet, (m. à Marguerite Courtois,) 40 arpens en superficie, 12 arpens en culture. Première souche canadienne. Maison paternelle de M. Charles-Ange Collet, chanoine de Québec, et des frères Luc et Hypolite Collet, récollets.

3. A la veuve Dr Pierre DuRoy, (Madeleine Levasseur,) d'où vient l'ori-

gine du nom de la Côte DuRoy, 80 Arpens en sup.

4. Simon Courtois, (m. à Jeanne Villeneuve,) fils de Bertrand Courtois et de Marie Hallay, première souche canadienne.

5. Germain Chalifou, (m. à Catherine Boesmé.)

6. Thomas Bédard, (m. à Françoise Huppé,) lieu où sont nés Pierre-Laurent Bédard, prêtre, deux religieuses de l'Hôtel-Dieu et une dés Ursulines de Québec; Jacques-Frs, (m. à Louise Vachon,) établi au coin nord-ouest du Trait-quarré de Charlesbourg; Thomas Bédard, (m. à Angélique Fiset,) établi à St-Joseph; François Bédard, (m. à Madeleine Jobin,) établi à St-Bonaventure, où est Félix Giroux. Cette habitation appartient aujourd'hui à Bernabé Parent, maire actuel de Charlesbourg.

7. Aux héritiers de Olivier Roy, (m. à Madeleine Rentier,) première souche canadienne d'une famille Roy, mort le 24 janvier 1699.

8. Etienne Guilbault, (m. à Françoise Roy.)

9. Thomas Alard, (m. à Charlotte Bédard,) fils de François Alard et de Jeanne Anguille, premier ancêtre de tous les Alard de Charlesbourg ; mort à Charlesbourg, le 12 mars 1711. Ils ont tous droit à la commune, et possèdent une maison et une grange.

III

Trait-Quarré de Charlesbourg, 1720.

Le Trait-Quarré de Charlesbourg est divisé en quarante habitations, de 40 arpens en superficie, savoir : Dix au sud, dix à l'est, dix au nord et dix à l'ouest. Il est séparé par deux chemins, dont l'un va du sud au nord, et l'autre de l'ouest à l'est. Ce chemin quadrilatère à neuf arpents de tour. Au centre est l'église, le presbytère et le cimetière. Le cimetière est en dehors du centre depuis 1894. Un couvent a été bâtie au centre, en 1879, sous la direction des Sœurs du Bon-Pasteur.

Habitations du costé nord-est.

1. Habitation, à Thomas Bédard.
2. Habitation, à Olivier Roy.
3. Habitation, à Pierre Lefebvre, (m. en 1676, à Madeleine Trudelle, tante de Jean Trudelle de St-Bonaventure.) Il est le premier ancêtre canadien d'une des familles Lefebvre. Le moulin seigneurial est sur sa terre. Successeurs en ligne directe :

Joseph-Charles Lefebvre, (m. le 23 janvier 1730, à Marguerite Bourbeau.)

Jean Lefebvre, (m. le 22 février 1766, à Madeleine Bourré.)

Etienne Lefebvre, (m. le 21 avril 1800, à François Roy.)

Etienne Lefebvre, (m. le 13 janvier 1824, à Marie Bélanger.)

Etienne Lefebvre, (m. le 2 août 1853, à Marie-Jeanne Bédard.)

J.-Alphonse Lefebvre, secrétaire particulier de l'honorable M. Flynn, Premier Ministre et Commissaire des terres de la Couronne, (m. le 23 décembre 1895, à Joséphine-Adéline Steens.(P. a. Germain Paradis.)

4. Habitation, à Jean Armand.

5. Habitation, à Nicolas Jacques, fils de Louis, du Bourg-Royal, premier ancêtre canadien de tous ceux qui portent ce nom, (m. en 1712, à Josephte Bédard ; 2° en 1719, à Catherine Alard.)

6. Habitation, à Pierre Jacques, frère du précédent, (m. en 1720 à Marie-Ambroise Chalifour. P. a. Louis Jacques.)

7. Habitation, à Thomas Bédard.

Costé nord-ouest.

---

1. Habitation, à Charles Boesmé, (m. en 1696, à Anne Chamard,) fils de Jean Boesmé de Charlesbourg et de Marie Hué, premier ancêtre de tous ceux qui portent ce nom.

2. Habitation, à Jean Valade, (m. en 1706, à Anne Gotreau,) fils de Guillaume Valade et de Françoise Encelin, premier ancêtre de tous ceux qui portent ce nom. Il avait deux terres. Successeur : Pierre, (m. en 1733, à Marguerite Roy, tuée par la foudre, le 27 août 1738 ; 2° m. en 1739, à Charlotte Dufresne-Bouin. P. a. Pierre Jean Villeneuve.) Maison paternelle

des abbés Pierre et Jean-Baptiste Villeneuve.

3. Habitation, aux héritiers de Thomas
Blondeau, 2 terres, (m. en 1704, à Anne
Gagnon,) père de M. Thomas Blondeau,
prêtre. C'est la maison paternelle de la
mère de M. Joseph Auclair, curé de
Québec. (P. a. docteur Grondin.)

4. Habitation à Jean-Baptiste Chrétien, fils de Michel, (m. en 1694, à
Marguerite Roy.)

5. Habitation, à Mathurin Gagnon, (m.
en 1716, à Marguerite Chrétien,) oncle
de Thomas Blondeau, prêtre.

6. Habitation, à Thomas Pageot, (m. en
1675, à Catherine Roy,) 2 terres, premier
ancêtre canadien de tous ceux qui
portent le nom de Pageot. Successeurs :
Joseph Pageot, (m. en 1716, à Madeleine
Boesmé,) Ignace Pageot, (m. en 1750, à
Françoise Toupin,) Charles-Jos. Pageot,
(m. à Françoise Alard,) Charles Pageot,
(m. à Marie Cayen,) Charles Pageot,
(1° m. à Esther Paquet ; 2° à Perpétue
Berthiaume,) Marie, sœur de ce dernier,
(m. à Alexis Labrecque, père du Dr Labrecque de Québec.) Cette habitation
n'a jamais changé de nom. Excepté

un lot dont les successeurs ont été Frs-
Bazile Bédard, (m. à Josephte Villeneuve,) Chs-Bazile Bédard, (m. à Marguerite Bédard,) Chs-Théophile, (m. à
M. Genest.)

Costé ouest.

1. Habitation, à Joseph-Olivier Guil-
bault, (1° m. en 1694, à Marie-Anne
Pageot ; 2° m. en 1706, à Charlotte
Dubau.) Successeurs : Joseph-Jérôme
Bédard, (m. à Marie Lajoie,) Louis
Cloutier. (P. a. Louis Cloutier, fils.)

2. Habitation à Jean-Baptiste Chrétien, (m. en 1703, à Catherine Roy.)

3. Habitation à Jean Valade, (m. en
1733, à Josephte Lefebvre, veuve de
Eustache Bourbeau.) Successeur : François Bédard ; Jacques Galarneau, lacune.
(P. a. Jean Galarneau.) Maison paternelle des abbés Galarneau, et de cinq
religieuses du même nom.

4. Habitation, à Vincent Beaumont,
(m. en 1692, à Marguerite Fache,) premier
ancêtre canadien, des Beaumont de

Charlesbourg. Successeurs : Pierre Beaumont, (m. en 1722, à Anne Jean,) Charles, (m. à Agathe Jobin,) lacune. Jacques, (m. à Agathe Pageau,) père de l'abbé Charles Beaumont, Pierre, (m. à Marie Magnan. P. a. Pierre Beaumont.)

5. Habitation à Charles Bédard, (m. en 1712, à Elisabeth Huppé,) père de Pierre-Stanislas Bédard, (m. à Josephte Thibault,) père du juge Bédard. Afin de faire disparaître le doute qu'il y a sur les frères du juge Bédard, parcequ'il y a une erreur de nom dans les registres de la paroisse, leur mère s'appelait Marie-Josephte et non Marie-Louise Thibault. Voici une note qui se trouve dans la notice sur la famille Guy, par l'abbé Daniel, sulpicien.

"Mr. Joseph Bédard, (Avocat.) était frère cadet du célèbre Juge des Trois-Rivières. Sur ses quatre frères, trois entrèrent dans l'état ecclésiastique. L'un Mr. Jean-Bte. devint curé de St-Denis, l'autre, Mr. Louis, curé de la Baie du Febvre, le troisième, Mr. Charles, se fit Sulpicien. Ce dernier mourut en 1827 et fut enterré dans l'ancienne église, ainsi que MM. Houdet et Ponsin qui décédèrent la même année. Mr. Thomas Bedard, (Notaire) le plus jeune de la famille, alla se fixer à l'Assomption. Quant aux Demoiselles Bédard, sœurs des précédents, l'une devint Madame Bruneau, et l'autre Madame Pratt. De son mariage avec Melle. Luce Lajust, le Juge Bedard laissa quatre fils:—Hospice (Avocat) qui passa et mourut aux Etats-Unis; Elzéar, celui-là même qui est décédé Juge à Montréal; Isidore, auquel on attribue les 92 Résolutions, et qui, étant passé en France, y finit ses jours; et Zoël qui alla s'établir à la Pointe aux Pères, où il est mort assez récemment. Nous tenons ces détails de Madame Bourret, (Stéphanie Bédard,) membre de cette illustre famille."

6. Habitation George Alard, (1° m. en 1710, à Marguerite Pageot; 2° en 1713, à Catherine Bédard.) Successeurs: Etienne Bédard, (m. en 1725, à Madeleine Garneau,) Jean Bédard, (m. en 1751, à Angélique Lerreau,) Jacques Bédard. (P. a. Jean-Bte Bédard, fils de Jean-Bte.) C'est sur cette habitation qu'on a érigé en 1894, le nouveau cimetière de la paroisse. Un architecte l'a divisé par

lots de famille, je pense qu'il est trop petit pour le nombre de familles dans la paroisse, on aurait dû réserver plus d'espace autour du Calvaire, si plus tard on veut y ériger un chemin de Croix. En somme, ça sera, avant peu d'années, un des beaux cimetières. Il était temps que l'on vint à laisser dormir en paix les quinze mille corps enterrés dans notre vieux cimetière, je dis le nôtre,—c'est bien le mot—. En effet, qui n'a pas un ancêtre, un parent, un ami dans ce vieux reliquaire âgé d'au-delà de 226 ans, où nous ne pouvons toucher une petite motte de terre sans qu'elle soit imprégnée de la poussière d'un parent ou d'un ami qui ont droit à notre respect. En 1883, M. l'abbé Gingras, alors curé de St-Edouard, a publié dans les *Nouvelles Soirées Canadiennes,* un article remarquable concernant les cimetières ; je crois que cet article pourrait avoir sa place ici :

LE CIMETIERE,

Le cimetière ! voilà un mot qui fait rêver, j'ajoute : voilà un mot qui devrait

faire rougir plus d'une paroisse canadienne. Ma bonne petite paroisse a fait
son devoir : elle a rougi. Expliquons-
nous.

L'an dernier encore, nous en avions
une pitié de cimetière : un vrai pâturage !
Je flatte le tableau : un vrai marécage !

En plein été, à chaque enterrement,
il fallait faire sombrer, au moyen d'une
perche, le cercueil du pauvre défunt qui
s'en allait ; l'eau, en effet, tenait
victorieusement tête au fossoyeur. Je
vois encore quelle pénible impression
cela faisait, sur la figure des paroissiens,
à ces enterrements où il y a toujours
quelques étrangers.

On n'avait qu'à s'y résigner lâchement,
et au jugement général, tous mes
paroissiens ressuscitaient du milieu
d'une grenouillère. Le bel honneur,
d'entendre chuchoter à ses oreilles, dans
la vallée de Josaphat : "Mais, ces
braves gens de Saint-Edouard, c'étaient
donc des wowarons, de leur vivant !"

Des wowarons ! Des castors, passe
encore ; mais des wowarons ! Brrrrr !

C'est justement ce beau frisson d'hor-
reur qu'a éprouvé ma paroisse, l'automne
dernier, un dimanche midi.

Il faisait un temps superbe, une délicieuse journée de soleil d'automne. Au sortir de l'office, j'assemble ma paroisse au cimetière. Là, et ce fut le sermon du jour, je traite au long la question du cimetière catholique.

Les tombes, oh! la voilà la belle tribune, pour vous inspirer! J'entendais, qui me soufflaient sous le gazon ce que je devais dire, mille voix chères et sacrées. A la fin, tous ces braves habitants pleuraient de pitié, j'allais dire pleuraient de remords: on s'étonnait d'avoir été si lent à respecter ses défunts.

Et quinze jours plus tard—honneur à mes habitants—il y avait, à sept pieds de profondeur, partout sous le cimetière, un excellent drainage en pierre, et quatre mille cinq cents voyages de beau sable de jetés à la surface : notre ancien marécage s'était transformé en un plateau qui, le printemps, verdoie et sourit au soleil quinze jours avant la plaine environnante.

Il fallait voir l'entrain, la bonne humeur avec lesquels toutes cette corvée a été enlevée : l'habitant canadien,

quand il lui en tient, fait tout avec
bonne humeur, jusqu'à la demeure de
ses morts. Pas un seul n'est resté en
arrière : c'était à qui mettrait le plus
de voyages. Près de la porte était un
zélateur qui tenait registre, qui souf-
flait, au passage, sur les courages
comme sur la braise. Il marquait ainsi,
sur chaque tombereau, avec un morceau
de craie, le chiffre des voyages, et plus
d'un cheval, jusque là réputé fine rosse,
s'est refait une réputation avant le premier coucher du soleil.

C'était toute une organisation ; les
chariots, dans l'armée de Darius, ne se
mouvaient pas avec plus d'ordre ni
d'ensemble. Seul, un original, un indé-
pendant outre mesure, mon ami Philippe Bel, n'avait pas voulu obéir au
grand commandeur : je le vois encore,
avec son grand fantôme de cheval
blanc, faire bande à part deux jours
durant. Après tout, plus fier que bien
des journalistes, il ne voulait pas s'en-
régimenter. Bien des péchés lui seront
pardonnés !

Et aujourd'hui ?

Ah ! aujourd'hui : c'est bien autre chose ! Notre cimetière fait parler de lui dix lieues à la ronde. Il attire non-seulement les morts, mais les vivants : en vient le visiter de trois paroisses environnantes. Et franchement, pour la campagne, c'est tout à fait joli, je veux dire convenable. Si vous trouvez que je fais forcément mon éloge en faisant celui de ma paroisse, je vous réponds modestement : comment faire autrement ? D'ailleurs' le zèle de ma paroisse a tout fait, de sorte que mon éloge est fort indirect. Que celui qui n'a que des péché indirects me jette la première pierre.

Donc, nous voilà avec un cimetière charmant. Nos allées surtout, bordées de beau gazon, donnent envie d'y marcher. D'abord, allée tout autour longeant la clôture à l'intérieur ; puis, grande allée de huit pieds de large, en croix, couchée sur le cimetière comme le prophète sur le cadavre qu'il voulait ressusciter : cette croix est encadrée d'une haie vive en sapinage. Puis des allées plus étroites, parallèles aux bras de cette grande croix, permettant de lire, sans descendre des allées, les épitaphes qui se trouvent dos à dos, de façon que chacun puisse cultiver, entre l'épitaphe et l'allée, un tout petit parterre. Nous avons copié à peu près un cimetière de Trinidad, dans les Antilles : nous aurons du moins le mérite d'être allés chercher loin nos modèles ! Un détail pratique : toutes ces allées sont en relief sur le cimetière, de sorte qu'au sortir de n'importe quel orage, vous vous y promenez à pied sec. On marche là-dessus comme sur l'asphalte : on se croirait dans les rues de Paris, même ceux qui, comme moi, n'y sont jamais allés.

Au milieu, nous avons, qui flambe au soleil et qui étend ses bras au-dessus du dortoir sacré, une grande croix noire dorée aux extrémités, ornée d'une gloire également en or.

La porte d'entrée est superbe, sur un devis de M. Emile Tanguay. Elle nous a coûté quatre-vingts piastres et a été payée par les habitants dont on n'a pas eu besoin pour charroyer la terre. Elle est d'un goût sévère et imposant : c'est l'arc de triomphe sous lequel passe le chrétien avant d'aller recevoir l'immortelle couronne.

On y monte par un large chemin, haut de deux pieds, bordé de gazon et de jeunes arbres. Ce chemin exhaussé part du coin de l'église et se courbe aisément, comme une moitié d'arc-en-ciel.

Et sur toute la surface du cimetière, dès la fonte des neiges, la paroisse cultive des fleurs. On y dessine, avec des fragments de quartz blanc comme du cristal de roche, des dessins sévères, mais consolants, des *Maria*, des ancres, des croix, des étoiles, les initiales de Jésus, Marie, Joseph, autant de symboles où respirent la foi, l'amour, l'espérance. On a fait ainsi du cimetière un jardin funèbre : c'est le jardin de la Mort. On regarderait comme un vol sacrilège d'en détacher une fleur. Seul, le curé a l'autorisation d'y cueillir ce qu'il lui faut pour parer ses autels. De cette façon, les fleurs de l'enclos bénit, après avoir honoré la tombe, s'en vont prier et mourir pour les défunts que la tombe renferme.

Depuis que notre cimetière a ainsi changé de physionomie, la touchante dévotion des monuments commémoratifs a pris de l'élan. Maintenant, on y voit pousser tous les jours, à la place des hautes herbes sauvages et des buissons incultes, quelques nouvelles épitaphes, les unes en fer avec un peu de dorure, d'autres en pierre ou en marbre : quelque chose de simple, à la portée d'une bourse de paysan, mais au niveau du respect que l'on doit au parent disparu.

Il nous manque encore deux ornements : un chemin de croix qui attire sur nos morts une pluie d'indulgences, et une plantation de beaux arbres qui répande sur les tombes cet ombrage recueilli, ces chuchotements mystérieux, cette mélancolie profonde si bien en harmonie avec les pensées graves dont se sent pénétré le visiteur qui chemine à travers un cimetière.

Ces ornements ne sont qu'ajournés. Les arbres surtout ne tarderont pas : déjà, dans le meilleur coin de son jardin, le curé a jeté en terre quelques centaines de petits noyers noirs, de jeunes érables *negundo.* Nous aurons à l'automne une quinzaine de jeunes peupliers argentés, un arbre fait exprès pour les cimetières.

Il nous semble que c'est déjà beaucoup pour de pauvres habitants.

Est-ce trop pour le respect que l'on doit à ses morts, qu'on se doit à soi-même ? Evidemment non.

Tous les peuples, les plus pauvres, les plus barbares, ont connu et pratiqué religieusement le culte des morts.

Les Egyptiens embaumaient leurs cadavres.

Les Turcs et les Romains avaient, pour protéger leurs foyers, pensaient-ils, leurs dieux Lares (1), ces prétendues divinités domestiques, qui n'étaient rien autre chose, dans la naïve croyance de ces peuples, que les âmes des ancêtres— les *Mânes,* comme on les appelait.

Honte et malheur à qui osait violer la tombe : le profanateur était condamné aux mines, à la fustigation ; la loi allait jusqu'à lui faire couper les deux mains.

---

(1) Ænéide, VI.

Il n'était permis de réparer un sépulcre qu'à la condition de ne pas troubler les cendres des morts (1).

Quelle leçon pour nos *Solidaires* modernes, qui veulent faire de la fosse un trou vulgaire destiné à ne recevoir qu'une vile charogne ! Et les Vandales de la Révolution française, qui se faisaient gloire de jeter au vent les cendres des cimetières dévastés ? Ils auraient mal passé leur temps, sous la loi de ces Romains qu'ils prétendaient avoir choisis pour modèles.

Mais c'est le catholicisme surtout, qui a donné au culte des morts sa vraie signification, qui lui a donné place d'honneur dans le sanctuaire, qui en a fait ce que Dieu en avait fait dès l'origine du monde—le côté le plus touchant et l'un des côtés les plus sacrés de la religion.

Pour en avoir une idée, il suffirait de jeter un coup d'œil sur les cérémonies qui entourent la bénédiction d'un cimetière, une fonction réservée aux Evêques, aux princes de l'église. Inutile d'en

______

(1) Les VII, apud Greg. Tholosan Lib. XXXII.

faire ici la description détaillée : qui n'en a pas été, une fois dans sa vie, le témoin attendri ? Quelle grandeur ! quel merveilleux symbolisme ! Et les cérémonies d'une sépulture catholique ? Rappelez-vous seulement le départ de l'église pour se rendre au cimetière, au chant du texte : *In paradisum deducant te Angeli*, avec ce redoublement des pleurs de la famille, qui briserait des âmes de bronze. Pour ma part, je ne connais rien de plus saisissant ni de plus solennel.

Ah ! c'est que le cimetière, aux yeux de l'Eglise, n'est pas le royaume du néant, mais un auguste dortoir comme le dit son nom. Le cimetière, par l'organe de l'Eglise, nous répète tout bas : " Non, mes enfants, non : je ne suis pas un lieu maudit. Je ne suis pas une terre monstrueuse qui dévore ses habitants, mais plutôt un reliquaire ami qui conserve avec tendresse votre dépouille. Quand vous prononcez mon nom, vous murmurez le dogme le plus consolant des nations civilisées ! "

L'Eglise appelle encore le cimetière Terre Sainte, Champ de Dieu—*Campo Santo, Campus Dei.*

Pleins de cette appellation, on a vu des peuples,—les habitants de Pise par exemple,—équiper une flotte, traverser les mers, aller chercher au bout du monde, pour former leur cimetière, la terre de la Palestine.

Ces croyants du moyen âge, ils étaient remplis de cette idée: notre corps est le chef-d'œuvre de Dieu. Notre corps est, de son vivant, le temple du Saint-Esprit. Donc, pour préparer à nos enfants, à tous nos parents trépassés un lit qui soit digne, ce n'est pas trop faire que d'aller chercher la terre qui fut sanctifiée par les pas, par les larmes, par le sang du Fils de Dieu!

Campus Dei. En effet, le blé du bon Dieu, c'est le chrétien: *frumentum Christi sum.* Le Temps, c'est l'époque des semailles, et au premier jour de l'Eternité, tout le genre humain se lèvera comme une moisson vivante, désormais immortelle!

Après les avoir conduits avec honneur à leur dernière demeure, plaçons, plaçons nos chers morts comme l'Eglise le demande, le visage en haut, pour que ces yeux, éteints en apparence, regardent jour et nuit, jusqu'à la fin des siècles, à travers les voiles du trépas et les gazons fleuris, le beau ciel qui nous attend, qui nous sourit là haut !

La résurrection ! voilà en effet le dernier mot du cimetière catholique.

Donc, embellissons nos cimetières.

Embellissons nos cimetières par respect pour nous-mêmes.

Embellissons nos cimetières afin que les vivants ne perdent pas le souvenir des morts. Pour cela, laissons nos cimetières à leur place naturelle, à l'ombre de l'église. "Loin des yeux, loin du cœur." Ah ! ce douloureux proverbe, chers amis, il est plus connu qu'on ne croie dans les brasiers du Purgatoire !

Embellissons nos cimetières *pour que l'on pense à prier pour les morts.*

Embellissons nos cimetières, pour que la mémoire des morts ne s'envole pas avec les derniers tintements du *libéra !* pour que le dernier coup de bêche du fossoyeur n'enterre pas plus tard, avec notre cadavre, notre propre souvenir !

Embellissons enfin nos cimetières, pour que nos enfants, trop enclins à l'émigration, n'aillent pas mourir indifféremment sur un sol étranger ; pour qu'ils préfèrent au contraire dormir le dernier sommeil à l'ombre du clocher natal, au milieu des leurs, dans un endroit sacré où l'on se souviendra d'eux, au milieu de ces larmes, de ces bénédictions, de ces prières émues qu'ils trouveront là, mais qu'ils espèreraient en vain peut-être trouver sous une terre d'exil !

L'ABBÉ A. GINGRAS.

7. Habitation, à Ange Prévost, (m. à Marie Brisson,) fils de Louis, noyé en 1686. Cette habitation a passé aux Alard.

8. Habitation, à Simon Réome, (m. en 1724, à Madeleine Julien.) Ils achetèrent deux petits nègres, Joseph, en 1730, et Marie, en 1740. Ils furent baptisés à l'Hôpital-Général. (P. a. Alphonse Guilbault.)

9. Habitation, à Réné Réome, (m. en 1665, à Marie Chevreau,) premier ancêtre canadien de tous ceux qui portent ce nom. Il avait 5 garçons qui sont les souches du même nom dans les autres parties du pays :

Maurice, (1° m. en 1689, à Anne Vivier; 2° m. en 1705, à Madeleine Giroux, veuve de Pierre Chorest.) Il s'établit à St-Bernard de Charlesbourg. C'est lui qui a donné les Pionniers du lac St-Charles.

Réné a été s'établir au Château-Richer, (m. en 1694, à Marie Guyon.)

Robert, (m. en 1696, à Elisabeth Brunet-Belhumeur.) S'établit à Montréal.

Jacques, (m. en 1707, à Marguerite Proteau,) resta à Charlesbourg.

Simon, (m. en 1710, à Thérèse Cotin.) Il était marchand à Montréal.

Costé Sud est.

1. Habitation, aux héritiers de François Blondeau, fils de Daniel Blondeau et de Françoise du Veau, de Nantelle, évêché de Saumur, (m. en 1655, à Québec, à Nicole Roland dite Gabrielle d'Assonville,) inhumé à Charlesbourg le 5 avril 1702, sa femme le 24 septembre 1694; premiers ancêtres canadiens de tous les Blondeau répandus dans tout le pays.

Il avait trois terres, l'une près de l'autre.
Il avait quatre garçons et quatre filles.

Joseph s'est marié 3 fois: (1° en 1686, à Marie Roy-Audy; 2° en 1688, à Marguerite Trudelle, sœur de madame Pierre Lefebvre; 3° en 1701, à Agnès Giguère, veuve de Charles LeMarquis.) En 1715, il était seigneur de la Rivière du Loup (en bas).

Maurice, (m. en 1696, à Suzanne Charbonnier,) s'établit à Montréal.

Jean, (m. en 1696, à Marie Hot,) s'établit à Charlesbourg.

Thomas, (m. à Anne Gagnon,) père de M. Thomas Blondeau, prêtre.

Catherine (s'est m. au Dr Nicolas Sarazin.) Les Blondeau se sont succédés jusqu'en 1821; Geneviève Blondeau, (m. en 1821, à Frs Binet,) et Louise sa sœur, (m. la même année, à Gabriel Binet,) sont devenus les possesseurs du bien.

2. Habitation, à Charles et Jacques Villeneuve, 2 lots, cette terre n'a jamais changée de nom. Successeurs en ligne directe: Charles, fils de Mathurin du Gros-Pin, (m. en 1708, à Renée Alard,) Pierre-Chs, (m. en 1738, à Marguerite Bédard,) Joseph-Frs, (m. en 1763, à

Élisabeth Jobin,) François, (m. en 1802, à Thérèse Jobin,) Pierre, (m. en 1838, à Louise Jobidon.) (P. a. Louis, m, à Marie Rainville.)

3. Habitation, à André Alard, (m. à Madeleine LeMarché.)

4. Habitation, à Charles et Jacques Villeneuve, 3 lots.

Ils possèdent tous une maison et une grange et ils ont droit à la commune.

Trait-quarré de Charlesbourg.

Propriétaires un siècle plus tard (1796,) d'après un plan que je possède.

Côté nord-ouest, en allant vers l'est :

1. Habitation, à Louis Cloutier.
2. Habitation, à Frs-Basile Bédard.
3. Habitation, à Pierre Pageot.
4. Habitation, à Joseph Pageot.
5. Habitation, à Jean Pageot.

6 et 7. Habitation, à Thomas Bédard, fils de Frs.

8. Habitation, à Thomas Villeneuve.
9 et 10. Habitation, à Pierre Bédard.

———

Côté Est :

11. Habitation, à Joseph Villeneuve.
12. Habitation, à Pierre Jacques.
13. Habitation, à Pierre Déry.
14. Habitation, à S. Bédard et Jean Armand.
15. Habitation, à Louis Glinel.
16. Habitation, à Jean Lefebvre.
17. Habitation, à Thomas Alard.
18. Habitation, à Charles Lefebvre.
19. Habitation, à Jean Lefebvre.
20. Habitation, à Alexis Bédard.

———

Côté Sud.

21. Habitation, à Jean-Bte Villeneuve.
22. Habitation, à Thomas Villeneuve.
23 et 24. Habitation, à J. Bédard.
25. Habitation, à Louis Pepin.
26 et 27. Habitation, à Joseph Villeneuve.
28, 29 et 30. Habitation, succession de Joseph Blondeau.

Côté Ouest :

31. Habitation, à Réné Reaume.
32. Habitation, à M. Réaume.
33. Habitation, à Charles Alard.
34. Habitation, à Pierre Blondeau.
35. Habitation, à Simeon Bédard et Armand.
36. Habitation, à Joseph Beaumont.
37. Habitation, à Jacques Galarneau.
38. Habitation, à Gabriel et Henr. Paradis.
39. Habitation, à Joseph Alard.
40. Habitation, à Louis Coutier.

IV

Bourg-Royal, 1720.

1. Habitation, à Bertrand Bélanger, (m. en 1694, à Marie Gignard.)
2. Habitation, à Jean Delâge, (m. le 7 février, 1692, à Anne Chalifour,) première souche canadienne d'une famille Delâge.
3. Habitation, à Michel Proteau, fils d'Etienne Proteau, du Bourg-Royal, (m. le 20 janvier 1710, à Suzanne Bédard.)

4. Habitation, à Maurice D'Héry, meunier, premier ancêtre canadien, (m. en 1679, à Madeleine Philippeau.)

5. Habitation, à Jean Paradis, fils de Pierre, (m. en 1679, à Jeanne Pasquier.) Cette habitation n'a pas changé de nom, la vieille maison existe encore; les murs ont 4 pieds d'épaisseur. (P. a. Xavier Paradis.)

6. Habitation, à Antoine Hisoir dit Provençal, (m. à Thérèse Rainville.)

7. Habitation, à Louis Bergevin-Langevin, fils, ancêtre de Monseigneur Langevin de Rimouski.

8. Habitation, à Nicolas Bélanger.

9. Habitation, à Pierre Chalifour, (m. Geneviève Alard.)

10. Habitation, à Jean Proteau, fils.

11. Habitation, à Ignace Bergevin-Langevin, (m. à Geneviève Texier.) Ils ont eu un cas de superfétation, il y a eu un autre cas à Charlesbourg dans la famille de Joseph Bédard, (m. à Françoise Thomas.

12. Habitation, à Veuve Pierre Chalifour, (Anne Migneir.)

13. Habitation, à François Bergevin, (m. à Madeleine Texier.)

14. Habitation, à Jean Poitevin, (m. à Françoise Rozotty, jeune anglaise amenée de Boston par les sauvages.)

15. Habitation, à Jean Proteau, (m. à Anne Bourré.)

16. Habitation, à François Alard, (m. à Barbe Bergevin.)

17. Habitation, à Mathieu Chorest. Son fils Jean se marie à Claire Bauché, fille de Guillaume, premier ancêtre maternel de M. Hoffman, curé de Charlesbourg.

18. Habitation, à Ignace Leroux Cardinal, (m. à Anne Bouré.

19. Habitation, à Louis Jacques, (m. en 1688, à Antoinette LeRoux,) premier ancêtre canadien, père de Nicolas, du Trait-quarré de Charlesbourg.

20. Habitation, à Jean Giguère.

21. Habitation, à Jean Alard, fils, (m. à Elisabeth Pageot.)

22. Habitation, à Gilles Bourré, (m. en 1673, à Marie BelleHache,) premier ancêtre canadien de tous ceux qui portent ce nom.

23. Habitation, à François Pâquet, (m. à Marie Marcou,) fils de Maurice II.

24. Habitation, à Germain Magnan, (m. à Marie D'Hery.)

25. Habitation, à Joseph D'Hery, fils, (m. à Marie Voyer.)

26. Habitation, aux héritiers de Paul Chalifour.

27. Habitation, à Charles Parent, (m. en 1696, à Anne Duprac.)

28. Habitation, à François Alard, père, (m. à Jeanne Anguille,) premier ancêtre.

29. Habitation, à Nicolas Bélanger, fils, (m. à Marie Magnan.)

Ils ont tous droit à la commune au bout de leur terre.

Il y a un moulin à vent, et un moulin à eau (1696) au centre du Trait-quarré.

St-Claude et St-Pierre.

Au-dessus du Trait-quarré de Charlesbourg, sont les villages St-Claude et St-Pierre, séparés par un chemin qui conduit au Lac Saint-Charles. Les habitations ont 2 arpens de front sur 20 de profondeur.

1. Habitation à droite, à Charles Bédard, 4 arpens en culture, aucune bâtisse.

2. Habitation, à Pierre Buisson, une maison dans le bois, en friche.

3. Habitation, à Monsieur Begon, Intendant, en friche.

Ceux qui suivent ont une maison et une grange.

4. Habitation, à Pierre Racine, 4 arpens en culture.

5. Habitation, à Louis Thibault, (m. à Marie Paradis.)

6. Habitation, aux héritiers de J. Lemire, premier syndic de Québec, en 1667.

7. Habitation, à Joseph Thibault, (m. à Louise Jean,) aïeul maternel du juge Pierre Bédard.

8. Habitation, aux héritiers de Nicolas Thibault, (m. à Xainte Cloutier.)

9. Habitation, à Pierre Pivain, fils, (m. à Claudine Fasche.) Sa mère est morte à Québec, à 100 ans, (la première de cet âge dans les registres de Québec, dit Mgr Tanguay.)

10. Habitation, à Jean Seguin, (m. en 1669, à Lucrèce Billot.)

11. Habitation, à Pierre Boutillet, (m. à Jacqueline Vandandaique.)

12. Habitation, à Etienne Thibault, (m. à Adrienne Jobin, fille de Charles I.)

13. Habitation, à Etienne Bourbon, (m. à Madeleine Bondin.)

14. Habitation, à Jacques Leblanc, (m. à Anne Rousselin.)

15. Habitation, à **Mathurin Roy,** (m. à Anne Leclerc.)

16. Habitation, à Pierre Joubert, (m. 1° à Madeleine Boesmé; 2° à Claudine Chrétien; 3° à Françoise Leblanc.)

17. Habitation, à Michel Chrétien, (m. à Marguerite Cœur, elle épouse en 1712, François Bédard.)

Plusieurs habitants de l'Auvergne et de Charlesbourg possèdent des lots de deux ou trois arpens en culture, tels que Bernard Bédard, Jean Chrétien, Joseph Pageot, Pierre Valade, etc.

Aujourd'hui, cette partie de la paroisse s'étend de 4 à 5 milles au nord de l'église. Il y a deux rangs d'habitations, plusieurs moulins et un couvent fondé par M. Muir et Madame Muir, en 1869. Ce couvent est à deux milles et demi de l'église, et sous la direction des Dames du Bon-Pasteur. Voici quelques notes sur ses fondateurs :

" George-Manly Muir, né à Amherstburgh, township de Malden, comté d'Essex, H. Canada, le 16 avril 1807, baptisé dans l'église d'Angleterre, par le Révd H. Pollard. Parrain, le Colonel Grant et le Lieutenant Fitzgerald, marraine, Madame Grant. Fils de Charles-Adam Muir, Major au 41e régiment des Troupes de Sa Majesté et de Elisabeth Bender, fille du Dr Bender de Montréal. Rebaptisé sous condition à l'église Notre-Dame, à Montréal en 1819. Parrain, Hospice Bédard, Avocat, fils du Juge Bédard des Trois-Rivières, marraine, Madame de Saint-George Dupré ; reçu Avocat, le 25 mars 1830 ; m. à Québec, le 28 mai 1833, par le Révd Jérome Demers, Vicaire Général, à Mlle Sophia Place, née à Québec en janvier 1801, fille de Thomas Place, Capt. et Paiemaître des Voltigeurs canadiens, et de Sophia Melvin, marchand de Québec."

Ces notes écrites de sa main m'ont été fournies par son beau-frère, M. C.-F. Langlois, Imprimeur de la Reine, qui était marié à Mlle Muir. M. Muir a été Greffier du premier Conseil Exécutif en 1867, et ensuite Greffier de l'Assemblée Législative de la Province de Québec. Il était Chevalier de l'Ordre de St-Grégoire le Grand. Il est décédé le 7 juillet 1882, et Madame Muir est décédée le 2 mars 1895, à l'âge de 95 ans. Ils sont tous deux inhumés à Charlesbourg.

FIEF D'ORSAINVILLE,

(Aveu 1720.)

1. Habitation, un arpens et trois quarts concédés à Jean Jobin, (m. à Marie Girard,) il possède une maison, une grange et 20 arpens en culture.

2. Habitation, deux arpens sur trente à Jean Bourbeau, une maison et une grange et 35 arpens en culture.

3. Habitation, à Thomas Bédard, un arpens au bout de sa terre de St-Joseph, 20 arpens en culture, pas de bâtisse.

4. Habitation, à Paul Thomas, deux arpens, une maison, une grange et 35 arpens en culture.

5. Habitation, à Joseph Pageot, 2 arpens, une maison, une grange et 23 arpens en culture.

6. Habitation, aux héritiers de Pierre Dorion, 2 arpens de front sur 38 de profondeur, une maison, une grange et 20 arpens en culture.

Le jeune Pierre Dorion, premier ancêtre canadien de toutes les familles portant le nom de Dorion.

Si nous demandions aux familles Dorion et autres, où le jeune Pierre Dorion s'est établi en arrivant au pays, on serait peut-être embarrassé de répondre.

Comme nous sommes toujours avides de connaître les premières allées et venues de nos ancêtres, et que les familles Dorion sont nombreuses et dispersées dans tout le Canada, et qu'elles aimeraient peut-être à connaître le lieu et la " Résidence de leurs Ayeux canadiens," avant de faire la description de sa résidence, je dirai quelques mots de son arrivée et de son mariage.

Pierre Dorionne (1), né en 1664, était le fils de Jacques Dorionne et de Jeanne Dicopenne, de Senlis en Béarn ; il arriva au pays en 1684, à l'âge de 20 ans, il concéda une terre dans le deuxième rang du Fief d'Orsainville, de deux arpents sur trente-huit de profondeur. Il fit connaissance de Melle Jeanne-

---

(1) Dict. de Mgr Tanguay, marié sous le nom de Dorionne.

Andrée Hédoien, fille de Jacques Hedoien, fermier d'Orsainville. Il se maria, le 18 janvier 1688, à Québec. Une couple d'années plus tard, il fit l'acquisition d'une autre terre dans le même rang que la première, mais sur le Fief de l'Epinay, de 5 arpents de front sur 30 de profondeur ; elle était d'un côté voisine de la sienne et de l'autre côté par Jacques Massy son beau-frère, et voisin de Massy à l'ouest, était la terre de Guillaume Laurent, qui se trouvait le long de la route Ste-Claire (1).

Pierre Dorion a élevé toute sa famille en ce lieu, elle était au nombre de 13. A sa mort arrivée le 26 avril 1724, il a laissé à ses héritiers trois maisons et deux granges sur le Fief St-Joseph ou l'Epinay, et une maison et une grange sur le Fief d'Orsainville.

De cet Aveu et dénombrement faits en 1720, il résulte qu'il y avait alors, au bout des terres de la Concession sud, du village de St-Joseph, plusieurs habitations de chaque côté d'un chemin qui se trouvait entre le Fief St-Ignace et la

---

(1) Guillaume Laurent est la souche en ce pays d'une famille Laurent.

Seigneurie de Notre-Dame-des-Anges.
Les vieux d'aujourd'hui ne se rappellent
pas avoir vu ces habitations, c'est un
rêve pour plusieurs (1).

3e Rang, au sud du chemin de St-Joseph.

---

1. Habitation, à Pierre Maranda, (m.
en 1717, à Françoise Pageot,) 2 arpens,
une maison, une grange et 15 arpens en
culture. Successeurs : Joseph Bédard,
(m. en 1792, à Françoise Pageot,) fils de
Frs-Michel Bédard et de Jeanne Savard
de St-Bernard ; Jean-Bte Bédard, (m. à
Angélique Jobin,) pour une moitié ;
l'autre moitié à son frère Joseph Bédard,
(m. à Josephte Galarneau.) Premier
Maire de Charlesbourg. (P. a. Antoine
Bédard, fils de Jean-Bte.)

2. Habitation, à Joseph Pajot, deux
arpens, une maison, une grange et 23
arpens en culture, (m. à Madeleine

---

(1) D'après le décret du 3 mars 1722, cette
concession se trouvait annexée à N.-D. de Québec,
et le 28 février 1867, à St-Sauveur de Québec.

9

Boesmé.)   (P. a. Théophile Lefebvre et Joseph Beaumont.)

3. Habitation, deux arpens à Jean Roy Audy, (m. à Thérèse Jobin,) une maison, une grange et 15 arpens de terre en culture. Ancêtre de Jérémie et de J.-B. Audy.

4. Habitation, à Thomas Bédard, (m. le 11 nov. 1743, à Angélique Fiset de l'Ange Gardien,)une maison, une grange et 25 arpens en culture. Maison paternelle de M. Thomas-Laurent Bédard, prêtre, longtemps Supérieur du séminaire de Québec et de M. Paul-Ambroise Bédard aussi prêtre du séminaire de Québec.

5. Habitatien, un arpens à Jean Jobin, (m. à Agathe Couture,) une maison, une grange et 16 arpens en culture. Successeurs : Jean Bte Jobin, (m. à Suzanne Leclerc,) Jean Jobin, 1° m. à Judith Villeneuve ; 2° à Marie Duchêneau ; Jacques Jobin, (m. à Marie Sansfaçon.) (P. a. M. Boyce.

4e Rang, au nord du chemin de
Saint-Joseph.

1. Habitation, à Veuve Jacques Jobin, (Madeleine Blondeau,) mère de Jean Jobin qui précède, un arpens et trois quarts sur dix de profondeur, une maison, une grange et 12 arpens en culture.

2. Habitation, 2 arpens à Pierre Lefebvre, fils de Pierre et de Madeleine Trudelle, (m. en 1717, à Elisabeth Beaumont,) une maison, une grange et 25 arpens en culture. Cette habitation n'a jamais changée de nom. (P. a. Madame Jacques Lefebvre et Napoléon Lefebvre, m. à Malvina Ouellet.)

3. Habitation, trois quarts d'arpens aux héritiers de Jean Roy, 5 arpens en culture.

4. Habitation, 2 arpens à Jean Bourbeau, (m. à Marguerite Vivier,) une maison, une grange et 20 arpens en culture. Maison paternelle de Sr Simone Bourbeau, compagne de la Vénérable Sœur Marguerite Bourgeois, fondatrice de la Congrégation de Notre-Dame à Montréal. Après deux siècles écoulés,

une autre jeune fille de Charlesbourg est venue demander son entrée dans cette vénérable maison de prière, et deux ans plus tard sa jeune sœur vint la trouver : (c'étaient les premières depuis Sœur Bourbeau, 1688.) Ce qu'il faut noter ici, c'est que ces deux jeunes filles sont nées sur l'habitation de Sr Simone Bourbeau. Elles sont les filles de Charles Paradis et d'Anastasie Darveau. (Voir : RELIGIEUSES NÉES A CHARLESBOURG.) Il y a une croix *perpétuelle* plantée sur cette habitation. (P. a. Chs et Etienne Paradis.)

5e et 6e Rangs, village St-Vallier.

---

1. Habitation, à Jean Bourbeau, fils, (m. en 1735, à Marguerite Dupéré,) 2 arpens de front, une maison, une grange et 10 arpens en culture.

2. Habitation, 2 arpens à Pierre Beaumont, fils, (m. à Anne Jean,) une maison, une grange et 7 arpens en culture et deux arpens en prairie.

3. Habitation, 2 arpens à Louis Chorest, (m. en 1731, à Geneviève Roy-Audy,) une maison, une grange et 8 arpens en culture.

4. Habitation, 2 arpens à Thomas Bédard, une grange et 15 arpens en culture, pas de maison. Successeur : Jacques Bédard, fils, (m. à Louise Vachon,) Jérôme Bédard, (m. à Marie Lajoie,) et Frs Bazile, (m. à Josephte Villeneuve.) Madame Chs-Bazile Bédard dit qu'on voit encore le solage de la maison.

5. Habitation, 2 arpens à Joseph Pajot, 6 arpens en culture, pas de bâtiments.

6. Habitation, 2 arpens à Paul Thomas, (m. à Josephte Barbot,) une maison, une grange et 20 arpens en culture. D'après une tradition dans la famille, son père Claude Thomas avait été enlevé par les sauvages et emmené dans leur tribu ; il n'avait que 7 ans. Comme il voulait toujours déserter, on lui fit bruler le bout des doigts ; une indienne du nom de Biga8et l'adopta et le prit sous sa direction : voilà l'origine du nom de Bigaouette. Il était fils de Jean

Thomas et de Anne Léra, de Douvres, Angleterre, (m. à Charlesbourg le 15 nov. 1706, à Anne Villeneuve ;) il décède le 23 nov. 1761, à Charlesbourg. Il est le premier ancêtre canadien de la famille Bigaouette. Voici une branche en ligne directe :

Claude, (m. en 1706, à Anne Villeneuve,) Paul, (m. en 1726, à Josephte Barbot,) Paul, (m. en 1751. à Marguerite Duperé,) Jean-Bte, (m. en 1774, à Madeleine Renaud,) Jean-Bte, (m. en 1797, à Louise Doiron, acadienne,) aïeul des abbés Légaré, Jean-Olivier, (m. à Elisabeth Légaré, elle est âgée de 95 ans, elle demeure avec son fils, J.-Elzéar, marchand de quincaillerie, sur la rue St-Valier.)

Une autre branche de la famille :

Claude Thomas, (m. à Anne Villeneuve,) père de Paul, (m. à Josephte Barbeau,) père de Pierre-Frs, (m. à Louise Chauveau,) père de Augustin, (m. à Josephte Dion,) père de Joseph Bigaouette, forgeron, (m. à Elmire Duberger,) père de Jules Bigaouette, prêtre ; ordonné le 27 janv. 1894, curé Pembina ; Josephte Barbot, veuve de

Paul, (épouse en 1732, Louis-Réné Penin dit Lafontaine, fils de Michel Penin, soldat de M. Levillier, fils de Charles et de Jeanne Massé, de Vouillay-le-Marais de Luçon, (1° m. en 1699, à Montréal, à Marie Pothier: 2° en 1704, à Marie Meunier,) premier ancêtre canadien de tous ceux qui portent ce nom. Il y a des descendents à Saint-Gervais. Premier ancêtre maternel de Madame L.-J. Demers de *L'Evénement.*)

Michel Penin, (m. en 1704, à Marie Meunier.)

Jean-Bte Penin, (m. en 1732, à Beaumont, à Angélique Guenet.

Ambroise Penin dit Lafontaine, père de Charles, (m. à St-Gervais, à Anne Goulet,) père de Marguerite, (m. en 1841, à Pierre Godfroy de Tonnancour,) père de Héloise, (m. en 1868, à Joseph Trudelle, auteur de ces notes.

On voit par cet aveu et dénombrement des terres fait en 1720, que le chemin de St-Bonaventure se continuait depuis la croix jusqu'aux terres du Trait-quarré de Charlesbourg, et de là, aux équerres au nord du dit Trait-quarré jusqu'au chemin de St-Pierre.

L'hiver on passait sur la terre de Vincent Beaumont, pour aller à l'église. Il y avait aussi un chemin en arrière de la maison de Jacques Trudelle, conduisant à la Jeune Lorette, et il se joignait au chemin actuel chez Jean-Baptiste Sansfaçon. On voit encore les traces de ce chemin sur la terre de Réal Dorion et de Théophile Trudelle.

FIEF ST-JOSEPH OU L'EPINAY.

Quatre lieues de profondeur à partir de la Rivière Saint-Charles, sur onze arpents de largeur ou environ de front, d'un côté au Fief d'Orsainville, de l'autre part au Fief St-Ignace. (Route Ste-Claire.)

2e Rang, au-dessus de la Savanne.

1. Habitation, à Pierre Dorion, (m. à Jeanne Andrée Hedoien,) 5 arpens de terre de front sur 30 de profondeur, trois maisons et deux granges, ancêtre de tous ceux qui portent le nom de Dorion. Il y a des descendents qui habitent le Grospin aujourd'hui.

2. Habitation, à Pierre Hédoien, (m. à Ursule Rancin.) Il était beau-frère de Pierre Dorion. Il avait 80 arpens de terre, une maison et une grange.

3. Habitation, à Jacques Massy, (m. à Madeleine Hédoien, veuve de Jean Sabatier,) 80 arpens, une maison et une

grange. Il était aussi beau-frère de Pierre Dorion.

4. Habitation, à Jean Lorent, (m. à Madeleine LeChardon,) 86 arpens, une maison et une grange au nord-est de la route Ste-Claire. (P. a. Dr Elliot.)

3e Rang, côté sud du chemin de St-Joseph.

---

1. Habitation, à Jean-Bte Roy Audy, (m. à Anne Hot,) 2 arpens de front, avec une grange et une maison en pierre. Cette habitation a appartenu à Jean Déry, père de Chs Déry, avocat, et de Jacques Déry. (P. a. Dr Elliot.)

2. Habitation, à Jean Pepin, (m. en 1695, à Marguerite Moreau,) 4 arpens de front, une maison, une grange et 20 arpens en culture. Cette habitation n'a jamais changé de nom. Il était fils de Robert Pepin et de Marie Crête. Successeurs en ligne directe : Pierre, (m. en 1738, à Madeleine Bédard,) Charles-Jos., (m. à Marie Lefebvre,) Jacques, (m. à Marie Penisson,) Jacques, (m. à Rosalie Déry.) (P. a. Joseph-Félix Pepin et

Joseph Pepin, fils de Joseph.) Maison des ancêtres de M. Thomas Pepin, curé de Boucherville.

3. Habitation, à Pierre Chauveau, une maison, une grange et 20 arpens en culture. Il était fils de Pierre Chauveau, et de Peronne du diocèse de Bordeaux, (m. à Beauport le 22 août 1707, à Charlotte Lavallée, (Vallée,) ancêtre de l'honorable P.-J.-O. Chauveau, Premier Ministre et longtemps député pour le comté de Québec, décédé le 5 avril 1890, à Québec. Successeurs : Pierre Jobin, (m. à Tècle Couture,) Pierre Jobin, (m. à Angélique Savard,) Pierre Jobin, (m. à Josephte Bourbeau,) François Jobin, (m. à Marie Légaré.)

4. Habitation, 2 arpens à Jacques Jobin, (m. à Adrienne Bourbeau, sœur de Simonne Bourbeau,) une maison en pierre, une grange et 20 arpens en culture. Cette terre appartient à Arthur Bresse.

*Quatrième et cinquième Rangs, au nord
du chemin de St-Joseph.*

1. Habitation, six arpens de front à
Sieur Etienne Roy-Audy, Capitaine de
la milice des Postes du Nord, et à ses
enfants, possèdent trois maisons, dont
une en pierre, 2 granges, 13 arpens en
culture. Cette habitation est encore en
possession des Audy, Jérémie et Jean-
Baptiste, pour la moitié, l'autre moitié
est divisée comme suit : un arpens à
Johnny Pagé, un arpens à M. Bourbeau,
et l'autre arpens à J.-Bte Drouin. La
maison de pierre existe encore, nous ne
lui donnerions pas ses 222 ans d'exis-
tence, avec un peu de réparation elle
pourrait durer encore autant d'années.
Son site est charmant, il n'y a pas de
plus beau point de vue dans le pays, elle
est située sur les hauteurs de la vallée,
sur le bord d'un ravin d'une centaine de
pieds. Son point de vue est " vice versa,"
elle est vue de très loin. Au coucher
du soleil vous voyez briller les clochers
de Sainte-Claire, Ste-Marguerite, Ste-
Foye, Lévis, les deux Lorette, etc.

Sieur Etienne Roy-Audy, Capitaine de la milice des postes du Nord, (m. à Marguerite Navarre, n'est pas l'ancêtre de Jérémie et de Jean-Baptiste Audy. Il était le père de J.-Bte Audy, (m. à Anne Hot, qui demeurait sur le bien de Jacques Déry, (Dr Elliot.) Voici les ancêtres de Jérémie et de Baptiste Audy en ligne directe :

Siméon Roy-Audy, (m. en 1668, à Claude Deschalets.)

Jean Roy-Audy, (m. en 1691, à Thérèse Jobin, fille de Charles I.)

Chs-Joseph Audy, (m. en 1737, à Catherine Parent.)

Jean-Bte Audy, (m. à Thérèse Aubin,) père de Jean-Bte et de Etienne Audy.

Jean-Bte, (m. en 1792, à Thérèse Lefebvre,) père de J.-Bte et de Thérèse Audy, mère de M. Giroux, curé de St-Ambroise.

Jean-Bte, (m. à Marguerite Jobin.) père de Jérémie, (m. à Angèle Jobin,) Jean-Bte, (m. à Angèle Légaré,) et de Théodore, (m. à Aurélie Bédard.

Etienne Audy, (oncle de Thérèse Audy, m. à Josephte Giroux, veuve de Chs Drouin.)

Pierre Audy, (m. à Luce Parent, à Québec,) père de Maxime Audy.

2. Habitation, 4 arpens et demi à Nicolas Giroux, (m. en 1716, à Marguerite Blondeau,) une maison, une grange et 10 arpens en culture. (P. a. Madame Et. Bourbeau et Joseph Renaud.)

FIEF ST-IGNACE,

(En 1720.)

Cette Seigneurie fut concédée par le
Gouverneur de Lauzon "aux Révé-
rendes Mères Hospitalières établies à
Kébec," les Dames religieuses de l'Hotel-
Dieu par titre du vingtième jour d'août
mil six cent cinquante-deux.

" Par ce titre il est concédé une demi-
lieue de front sur la rivière Saint-
Charles, sur deux lieues de profondeur.
à prendre d'un costé aux terres concédées sur la rivière Saint-Charles, au
Sieur Guillaume Couillard ; d'autre part,
à la ligne qui fait séparation des terres
depuis peu accordées aux sauvages,
d'autre bout par derrière aux terres non
concédées et par devant à la rivière
Saint-Charles, la rivière comprise, isles
et isleaux, estant en icelle vis-à-vis la
demi-lieue de concession, pour jouir par
les dites mères hospitalières de la dite
étendue de terre en franche aumosne et
franc-aleu sans justice à perpétuité,
sans aucune charge que d'en donner

adveu et denombrement de vingt ans
en vingt ans."

SAINT-BONAVENTURE, CONCESSION DE
CINQUANTE ARPENS.

1. Habitation, six arpens de front, à
commencer à la " Croix " en allant vers
l'ouest, aux héritiers de Charles Jobin,
tailleur d'habits, venu de Paris avec sa
femme, Madeleine Girard et quatre
enfants, (m. la seconde fois à Québec, le
15 février 1677, à Marie Rousseau,)
décédé à Charlesbourg, le 26 novembre
1705, ancêtre canadien de tous les Jobin
de Charlesbourg. Il laissa à sa mort
neuf héritiers, quatre garçons et cinq
filles, Jacques, (m. à Adrienne Bourbeau,)
fut s'établir à St-Joseph ; Réné-Louis,
(m. à Jeanne Rosé,) et Jean-Charles,
(m. à Elisabeth Chorest,) restèrent sur
le bien paternel ; François, (m. à
Suzanne Jousset, il était forgeron, il fut
s'établir à Montréal ; Madeleine, (se m.
à François Fafard, à Champlain,) Catherine, (à Michel Lemay.) Françoise, (à

Pierre Sasseville,) Thérèse, (à Jean Roy-Audy,) Adrienne, (m. à Etienne Thibault.) Depuis 231 ans que cette concession de 300 arpents de terre fut accordée à Charles Jobin, il y a eu cinq Jean-Chs Jobin qui se sont succédé. Le dernier est Jean-Charles Jobin, (m. à Zoé Benoit.) Il ne possède qu'une petite pointe au bas de la côte des Audy. Le reste est partagé entre Joseph Parent, Edouard Paquet, P.-T. Legaré, M. Fleury, Jean L'heureux, Joseph Légaré, Jacques Bourbeau et Joseph Bédard. Comme on le voit au commencement de cet article, Charles Jobin avait planté une croix au bout de sa terre. On devrait perpétuer cette croix, en souvenir du premier habitant de Saint-Bonaventure· Il avait une maison, une grange et 25 arpents en culture.

2. Habitation, 2 arpens à Jean Trudelle, (m. en 1715, à Michelle Nolin,) une maison en pierre, une grange et 20 arpens en culture. Successeurs : Jean Trudelle, (1° m. à Marie-Anne Beaumont; 2° m. à Josephte Leclerc,) Louis Jobin, (m. à Marie Trudelle,) Baptiste Jobin, (m. à Madeleine Ratté,) Jean Trudelle,

10

fils d'Ambroise, (m. à Geneviève Jobin,) père de l'abbé Charles Trudelle, Pierre Trudelle, (m. à Emélie Giroux.) (P. a. Joseph Trudelle et Jean Giroux.

3. Habitation, 2 arpens à François Drouin, (m. en 1732, à Madeleine Roy-Audy,) une maison, une grange et 25 arpens en culture. Successeurs : Jean-Charles Drouin, (m. à Charlotte Lefebvre,) il y a une lacune, Jacques Bélanger, (m. à Marguerite Chartré,) père de l'abbé Bélanger, curé de St-Augustin, et de Luce Bélanger, mère de N.-S. Parent, maire actuel de Québec ; Joseph Martel, (m. à Isabelle Savard.) (P. a. Jean Martel, fils de Jean et d'Eléonore Bédard, et Bénoni Fortier.)

4. Habitation, un arpent à Claude Lefebvre, (m. à Thérèse Parent,) une maison, une grange et 11 arpens en culture. (P. a. Théophile Trudelle, moins deux perches, dont les successeurs sont : Pierre Martin-Beaulieu, (m. à Josephte Lefebvre,) Charles Gingue, (m. à Gertrude Martin-Beaulieu,) Frs-Xavier Trudelle, (m. à Gertrude Gingue.)

5. Habitation, un arpent à veuve Antoine Martin-Beaulieu, (Marie Monet,)

une maison, une grange et 9 arpens en culture. Successeurs : Pierre Beaulieu, Pierre Légaré, (m. à Henriette Savard,) et Joseph Légaré son frère, Pierre Légaré, (m. à Eulalie Renaud.) (P. a. Pierre-T. Légaré, (m. à Camille Bédard.)

6. Habitation, 2 arpens à Réné Sasseville, (m. à Charlotte Parent,) une maison, une grange et 20 arpens en culture. La maison est très ancienne. Successeurs : Réné Sasseville, (m. à Thérèse Bédard,) François Bédard, (m. à Madeleine Jobin,) Ambroise Bédard, (m. à Marie Ouellet,) Joachim Bédard, (m. à Marguerite Drouin,) Joachim Bédard, (m. à Marie Beaulieu,) et Pierre Bédard, (m. à Emélie Trudelle.) (P. a. Pierre Bédard, Albert Bédard et Félix Giroux.)

7. Habitation, 2 arpens à Jacques Bédard, (m. à Jeanne-Elisabeth Renault,) une maison, une grange et 28 arpens en culture. Successeurs : Jean-Bte Bédard, (m. à Thérèse LeRoux,) Jean-François Bédard, (m. à Josephte Auclair,) Clément Bédard, (m. à Marie Jobin,) Clément Bédard, (m. à Léocadie Bédard.) (P. a. Onézime Bédard.) C'est

la seule habitation qui n'a pas changé de nom en ligne directe, à St-Bonaventure: Charles Parent possède la moitié.

8. Habitation, 2 arpens à Jean Garneau, (m. à Louise Huot,) une maison, une grange et 25 arpens en culture, (Michel Le Neuf de la Vallière, capitaine d'infanterie, assiste à leur mariage, à l'Ange-Gardien.) Successeurs : Jean Garneau, (m. à Elisabeth Renaud,) (Ste-Ursule, religieuse à l'Hôpital-Général est leur fille,) Jean Garneau, (m. à Catherine Auclair,) Pierre Légaré, (m. à Josephte Auclair,) Pierre Légaré, (m. à Louise Bédard,) Jacques Légaré, mort garçon. (P. a. La succession Légaré, Etienne Légaré, chantre de la Basilique de Québec.) Maison des ancêtres de Charles Garneau, avocat et Sergent d'Armes de l'Assemblée Législative, en 1867.

9. Habitation, 2 arpens à Pierre Larose, une maison, une grange et 14 arpens en culture. Successeurs : Jacques-Charles Jobin, (m. à Madeleine Lefrançois,) aïeul maternel de M. Antoine Bédard, curé de Charlesbourg ; Jacques Jobin, (m. à Dorothée Couture,) aïeul maternel de

M. Jean-Charles Bédard, prêtre, directeur du Collège de Nicolet ; Jacques Jobin, (m. à Geneviève Bédard,) aïeul maternel de M. Charles Trudelle, chapelain du Sacré-Cœur, ainsi que le mien ; Jacques Jobin, (m. à Félécité Légaré,) aïeul maternel de M. George Pelletier, curé de Saint-Nérée; Jacques Jobin, (m. à Angèle Drouin,) Ambroise Jobin, (m. à Odélie Légaré.) (P. a. Madame Hamel.)

10. Habitation, 2 arpens à Claude Chamard, pâtissier, (1° m. à Florimonde Rableau; 2° à Catherine Drouet,) une maison, une grange et 12 arpens en culture. Leur fils Pierre était médecin vétérinaire, et demeurait à Québec, dans la rue Saint-Louis, en 1716. (P. a. Madame Isidore Bédard et Joseph Chartré.) Maison paternelle de Charles Chartré, avocat.

11. Habitation, 2 arpens à Jean Verret, (m. à Josephte l'Epinay,) fils de Michel, (1° m. en 1669, à Marie Deschamps; 2° m. en 1683, à Marie Galarneau,) premier ancêtre canadien, une maison, une grange et 18 arpens en culture. (P. a. Madame veuve Ambroise Trudelle,

(Elise Vermette,) et Ambroise Trudelle, fils.)

12. Habitation, 3 arpens à Jacques Henne dit Lepire, (1° m. à Geneviève l'Epinay ; 2° m. à Catherine Chrétien,) une maison, une grange et 18 arpens en culture. Successeurs : Pierre Légaré, le premier de ce nom dans la paroisse, (m. à Catherine Henne dit Lepire,) Joseph Légaré, (m. à Marie-Louise Bédard, sœur de M. Ant. Bédard, curé de Charlesbourg,) Jean-Bte Légaré, (m. à Marie Légaré,) Elie Légaré, (m. à Adèle Jobin.) (P. a. Xavier Bédard et Madame Joseph Penisson, (Félicité Jobin.)

13. Habitation, 2 arpens sur 20 à Jean Petit, en friche. Il y eu 4 successions de Bédard sur cette habitation. (P. a. Madame veuve Jacques Bédard.)

SAINT-BERNARD, 30 ARPENS DE PROFONDEUR.

---

1. Habitation, à partir de la croix, 2 arpens à Antoine Girard, (m. à Agnès Trotier,) une maison, une grange et 16

arpens en culture. (P. a. Xavier Trudelle et Jacques Trudelle.)

2. Habitation, 2 arpens à Joseph Charland, (m. à Anne Gagnon,) une maison, une grange et 12 arpens en culture. Sa maison était située à 2 arpens du chemin, près de la clôture de ligne de Jacques Trudelle. (P. a. Jacques Trudelle et Bernabé Parent.)

3. Habitation, 2 arpens à Vincent Cliche, (m. à Anne Chorest,) une maison, une grange et 12 arpens en culture. Le Frère Didace Pelletier, Récollet, mort en odeur de sainteté aux Trois-Rivières était son oncle, et le R. P. Cliche, Récollet, était son neveu. Son nom en religion était Frère Didace, en souvenir de son oncle Pelletier. Les successeurs de cette habitation ont été : Jacques Bourbeau, (m. à Louise Thibault,) Jacques Bourbeau, (m. à M. Paradis,) Jacques Bourbeau, (m. à Madeleine Darveau,) Charles Savard, (m. à Marie-Anne Bourbeau,) aïeul de M. Odilon Savard, prêtre ; ordonné le 15 mai 1896 ; il est fils de Charles Savard et de Marie Ninteau, du village Ste-Geneviève de St-Ambroise ; Jean Martel, (m. à Pélagie

L'Heureux,) Jean Martel, (m. à Eléonore Bédard.) (P. a. Réal Dorion.)

4. Habitation, 4 arpens à Maurice Réaume, (1° m. en 1689, à Anne Vivier ; 2° m. en 1705, à Madeleine Giroux, veuve de Pierre Chorest,) une maison en pierre, une grange et 46 arpens en culture. Successeurs : Pour le quart, André Auclair, (m. en 1746, à Geneviève Lefebvre,) Pierre-Baptiste Lefebvre, fils de Claude, (1° m. en 1751, à Thérèse Roy-Audy ; 2° m. en 1761, à Madeleine Légaré,) Jean-Baptiste Trudelle, (m. en 1773, à Thérèse Lefebvre,) Charles-Joseph, (mon père,) (m. à Thérèse Jobin,) Robert Trudelle, (m. en 1852, à Elisabeth Parent.) (P. a. Théophile Trudelle, (m. à Caroline Bédard.) Maison paternelle de Sœur de la Visitation du Bon-Pasteur. Successeurs de l'autre partie : Joseph Martin-Beaulieu, (m. en 1726, à Charlotte Bédard,) Ste-Ursule, de l'Hôpital-Général était sa fille ; Jean-Pierre Martin-Beaulieu, (m. en 1748, à Josephte Drouin,) Pierre Renaud, (m. à Charlotte Auclair,) et Charles Jobin, (m. à Marie Boivin.) (P. a. Pierre Bédard, (m. à Veuve Pierre Renaud,) Olivier Légaré,

(m. à Aurélie Chabot,) Jean-Bte Beaulieu, Narcisse Légaré, François Jobin. Il y a la maison d'école et la gare du chemin de fer du Lac St-Jean sur cette habitation. La croix perpétuelle est plantée aussi sur cette habitation.

Comme c'est sur cette habitation que je suis né, voici l'arbre généalogique de ma famille ainsi que celle de ma femme :

Arbre Généalogique de ma Famille.

I. Jean Trudelle et Marguerite Nouier de la paroisse de Parfondeval, près de Mortagne dans le Département de l'Orne dans le Perche, souche de toutes les familles de ce nom en Canada ;

II. Jean Trudelle arrive en Canada vers 1650, marié à Québec le 14 novembre 1655, à Marguerite Thomas ;

III. Philippe Trudelle, marié à l'Ange-Gardien, le 28 janvier 1696, à Catherine Gariépy ;

IV. Jean Trudelle, marié à l'Ange-Gardien, le 29 janvier 1725, à Marguerite Quentin ; elle décède à Terrebonne, le 3 mai 1745 ;

V. Jean-Baptiste Trudelle, né à Terrebonne, le 20 septembre 1744, marié à Charlesbourg, le 13 octobre 1773, à Thérèse Lefebvre ;

VI. Charles-Joseph Trudelle, né à Québec, le 13 septembre 1782, marié à Charlesbourg, le 9 novembre 1813, à Thérèse Jobin, quinze enfants de ce mariage ;

VII. JOSEPH TRUDELLE, *(l'auteur de ces notes,)* marié à Saint-Roch, le 30 juin 1868, à HÉLOISE GODFROY DE TONNANCOUR, neuf enfants.

Arbre Généalogique de la Famille de ma Femme.

I. Jean-Baptiste Godfroy de Linctot, noble homme, fils de Pierre et de Pérette Cavalier de Linctot, pays de Caux, en Normandie ; marié à Québec, en 1636, à Marie LeNeuf, fille de Mathieu, (sieur du Hérisson,) et de Jeanne LeMarchand, de Caen, en Normandie ;

II. Louis Godfroy, marié en 1663, à Marguerite Seigneuret, la mère de M. LeBoullenger, de Saint-Pierre, deuxième curé de Charlesbourg était sa sœur ;

III. Réné Godfroy, Seigneur de Tonnancour, Lieutenant - Général des Trois-Rivières, marié en 1693, à Marguerite Amaud ;

IV. Louis-Joseph Godfroy, marié en 1749, à Louise Carrerot, (elle était créole ;)

V. Charles-Antoine Godfroy, sieur de Tonnancour, Chevalier, seigneur de Tonnancour, Godfroy-Yamaska, Roctaillade, Labadie, Gatineau, etc., Lieutenant des Corps des Chasseurs au service de Sa Majesté ; marié en 1785, à Québec, à Reine Frémont, tante de M. Frémont, député du Comté de Québec ;

VI. Pierre Godfroy, marié en 1817, à Marguerite Drolet ;

VII. Pierre Godfroy, notaire, marié en 1841, à Marguerite Lafontaine, elle décède à Charlesbourg, en 1864 ;

VIII. Héloise de Tonnancour, marié en 1868, à Joseph Trudelle.

5. Habitation, 2 arpens à Charles Auclair, fils de Pierre, (m. en 1712, à Madeleine D'Héry,) une maison, une grange et 14 arpens en culture. Successeurs : Germain Auclair, (m. en 1745, à Angélique Marois ; 2 m. en 1768, à Jeanne Garneau,) Thomas Auclair, (m. en 1794, à Marguerite Martin,) Charles-Thomas, (m. à Marguerite Verret,) Louis Beaulieu, (m. à Marie Bédard.) (P. a. Onézime Simard.) Germain Auclair avait 14 enfants qui se sont tous mariés.

6. Habitation, 2 arpens à Jacques Beaulieu. (m. en 1737, à Madeleine Chauveau.) Successeurs : Joseph Sansfaçon, (m. à Louise Magnan,) Jean-Bte et Louis Sansfaçon (p. a.) Maison paternelle de St-Antoine des Ursulines et de St-Benjamin du Bon-Pasteur.

7. Habitation, 2 arpens à Jacques Verret, (m. à Marie Deguise,) une maison, une grange et 10 arpens en culture. Plus tard, Jean-Etienne Auclair a fait l'acquisition de cette habitation. Il était l'oncle du R. Joseph Auclair, curé de Québec. (P. a. Pierre Déry.)

8. Habitation, 4 arpens à Pierre Auclair, (m. à Madeleine Sédilot,) une maison en pierre, une grange et 32 arpens en culture. Sa maison existe encore, et elle est très confortable. C'est dans cette maison que sont nés ses dix-huit enfants, parmi lesquels deux se sont faits prêtres et trois religieuses. Il y a dans cette maison de précieuses reliques de ces deux prêtres, que M. Jérémie Villeneuve, (p. a.,) conserve précieusement. Successeurs : Jean-Bte Auclair, (m. à Charlotte Roy-Audy,) Jean-Bte Laurent Auclair, (m. à Louise Lereau.) Successeurs d'une partie au nord de la rivière : Pierre Auclair, (m. à Gertrude Bédard, sœur de M. Bédard, chapelain de l'Hôpital-Général,) aïeul de M. Auclair, curé du St-Cœur de Marie ; Thomas Auclair, (m. en 1843, à Marie Trudelle, ma sœur,) Agapit, mort à l'Orégon. (P. a. M. Falardeau.) Il y a un moulin à scie mu par l'eau.

9. Habitation, 2 arpens à Antoine Parent, (m. à Angélique Delaunay,) une maison, une grange et 11 arpens en culture. Successeurs : Pierre Parent, (m. à Agathe Boesmé,) Jean-Louis

Parent, (m. à Louise...........,) Louis-Barnabé Parent,(m. à Françoise Bernier,) Joseph Parent, (m. à Scholastique Chartré.) (P. a. Johnny Parent, (m. à Marie Ninteau.) Maison paternelle de Barnabé Parent, Maire actuel de Charlesbourg et de Louise Parent, mère de M. Pierre Bédard, curé de Fall-River.

En suivant les noms des habitants de Saint-Bernard et de Saint-Romain, qui se trouvent au nord-ouest de la rivière des Mères, (du Berger,) qui sont sur le Fief Saint-Ignace. Aussi, les noms des habitants du Village Saint-Jacques, (la Misère,) du Village Saint-Martin ou Pincourt, de l'Ormière, du Petit Saint-Antoine, de la cinquième route, le Chemin de Notre-Dame de la Miséricorde, (de la Misère,) qui sont du Fief St-Gabriel, ainsi que les noms des six Pionniers du Lac St-Charles.

Pendant plus d'un siècle tous ces villages ont fait partie de la paroisse de Charlesbourg. Les familles se rattachent les unes aux autres par les liens du sang.

SAINT-BERNARD, AU NORD DE LA RIVIÈRE.

1. Habitation, à Veuve Antoine Parent, (Angélique Delaunay,) fille de Henri et de Françoise Crête, 2 arpens avec le moulin déclaré banal coutumier. Ce moulin est bâti en pierre, dans un ravin de cent cinquante pieds de profondeur, le site est très pittoresque, je crois que c'est un des moulins seigneuriaux les plus anciens. Ce pouvoir d'eau appartient aujourd'hui à une compagnie, on a ajouté "une facterie" de lainage et un moulin à scie. Le chemin du Lac St-Charles passe sur cette terre.

2. Habitation, aux héritiers de veuve Jacques Lepire, (Catherine Chrétien.) Successeur : Jacques, (m. à Thérèse Renault.) La croix perpétuelle est sur cette habitation. (P. a. Jérémie Penisson.

3. Habitation, à Jacques Verret. (P. a. Melle Madeleine Penisson.)

4. Habitation, à Paul Losé, (m. en 1695, à Catherine Ledoux,) fils de Jean et de Marie Jallais, premier ancêtre canadien de tous ceux qui portent ce nom. Successeurs : Paul Lauzé, (m. à Anne

Renault,) Jean-Bernard Lauzé, (m. à
Josephte Henne Lepire.) (P. a. Joseph
Bédard, fils de Clément et Jean Beau-
mont.

5. Habitation, aux héritiers de André
Auclair, frère de Pierre I, (m. en 1681, à
Marie Bédard, fille d'Isaac 1.) Succes-
seurs : François, (m. en 1716, à Charlotte
Martin-Beaulieu,) Jos-Frs, (m. en 1740,
à Louise Renault.)

6. Habitation, à François Bédard,
(1° m. en 1696, à Madeleine Auclair;
2° m. en 1712, à Marguerite Cœur,
(Jolicœur.) Successeurs : François-Mi-
chel, (m. en 1734, à Jeanne Savard,) père
de Joseph Bédard, (m. en 1792, à Françoise Pageot,) aïeul de Urbain Bédard,
c'est aussi l'habitation des ancêtres de
M. Pierre Bédard, premier prêtre né à
St-Ambroise, et de M. Pierre Bédard,
jeune littérateur distingué de Montréal.

7. Habitation, Veuve Antoine Bédard,
(Marguerite Gagnon.) C'est l'habitation
du troisième ancêtre canadien de M. T. P.
Bédard, avocat. Voici sa lignée : Antoine
Bédard, (m. en 1714, à Marguerite
Gagnon,) Antoine-Pierre, (m. en 1739, à
Louise Renault,) Pierre, (m. en 1775, à

Josephte Hamel,) Antoine, (m. en 1804,
à Thérèse Alain,) Pierre, (m. en 1836, à
Marguerite Ouvrard,) père de T. P. Bédard, historien et archiviste.

8. Veuve Pierre Tessier, (Anne Vivier.)

SAINT-ROMAIN.

1. Habitation, à Veuve Antoine
Bédard.

2. Habitation, à Charles Auclair.

3. Habitation, à Jacques Paquet,
branche de Maurice Paquet et de
Françoise Forget, (m. en 1724, à Catherine Auclair, fille de Pierre I.) Il est le
grandpère de M. Paquet, premier curé
de Saint-Ambroise, et père de la Nativité, des Ursulines des Trois-Rivières.

4. Habitation, à Jean-Bte Bédard.

5. Habitation, à Pierre Duroy,
(Bertrand.)

6. Habitation, à Veuve Cliche.

7. Habitation, Louis Pépin, (m. à
Elisabeth Boutin.)

8. Habitation, aux héritiers d'Antoine
Bédard.

11

9. Habitation, à Charles Auclair, (m.
à Thérèse Jobin.)

10. Habitation, à Pierre Pâquet, (1° m.
en 1729, à Suzanne Auclair; 2° m. en
1734, à Charlotte Renaud,) père de
St-Charles des Ursulines des Trois-
Rivières.

11. Habitation, à Jacques Pâquet.

12. Habitation, à Veuve Jean Martel,
(Madeleine Vanier,) premier Martel à
Charlesbourg.

13. Habitation, à Augustin Liret, ou
Lairet et Hilirest, (m. en 1725, à
Madeleine Déry,) fils de Frs Lairet,
premier ancêtre canadien, son nom est
devenu célèbre par la rivière Lairet.

14. Habitation, à Nicolas Estiambre
dit Sansfaçon, (m. en 1712, à Marguerite
Savard,) premier ancêtre canadien. Le
chemin du Lac St-Charles est sur sa
terre.

15. Habitation, à Ignace Cardinal, (m.
en 1722, à Hélène Chalifour.)

16. Habitation, à Frs Bédard.

17. Habitation, à Jacques Gervais,
(m. en 1700, à Madeleine Dasylva.)

LES SIX PIONNIERS DU LAC SAINT-CHARLES.

---

1. Habitation, à Jacques Cloché dit Laviolette, (Marquet,) 3 arpens en culture à la pioche.

2. Habitation, à Alexandre Réaume, fils de Maurice Réaume, 6 arpens en culture à la pioche, et une grange, (m. au Château-Richer, le 22 octobre 1736, à Catherine Gravel.

3. Habitation, à Louis Réaume, frère du précédent, (m. le 10 novemvre 1732, à Anne Verret,) 4 arpens en culture à la pioche.

4. Habitation, à François Paquet, 4 arpens en culture à la pioche et une grange.

5. Habitation, à Jacques Colombier, 4 arpens à la pioche, (1° m. en 1726 à Marie Langlois ; 2° m. en 1729, à Josephte Fafard,) veuve de Pierre Auclair.

6. Habitation, à Jacques Verret, 4 arpens en culture à la pioche.

FIEF ST-GABRIEL

Village St-Jacques, (la Misère)

(en 1720)

---

1. Habitation, à Jean-Bte Bédard, (m. en 1718 à Jeanne Paradis) premier ancêtre canadien (maternel) de M. Jolicœur, curé de Stoneham.

2. Habitation, à Pierre Chartré, fils.

3. Habitation, à Pierre Beaulieu.

4. Habitation, à François Delessard dit Dessalliers, (m. à Thérèse-Charlotte Savard.

5. Habitation, à André Chartré, (m. à Madeleine Hubert.)

6. Habitation, à François Chartré (m. en 1692 à Apolline Morin,) premier ancêtre canadien de ceux qui portent ce nom.

7. Habitation, à Pierre Allard, (m. en 1724, à Madeleine Pasquet.)

8. Habitation, à Jacques Bédard, (m. à Thérèse Gervais.)

9. Habitation, à Jean Galarneau.

10. Habitation, à Guillaume Galarneau.

11. Habitation, à Jacques Dubos, (m. en 1704 à Catherine Bédard.)

12. Habitation, à Pierre Berthiaume, (pas de bâtiment.)

13. Habitation, à Philippe Pasquet, (m. en 1699, à Jeanne Brosseau,) fils de Etienne Pasquet et de Henriette Rousseau ; (première souche canadienne d'une famille Pasquet, de Charlesbourg. Il y a deux souches de Pasquet à Charlesbourg ; Maurice et Etienne ; Maurice était au Bourg-Royal.

14. Habitation, à Charles Renaud, (m. en 1731 à Elisabeth Garneau.)

15. Habitation, à Joseph Verret, (m. en 1697 à Louise Regnault.)

Village St-Martin, ou Pincourt.

---

1. Habitation, à Thomas Bédard.
2. Habitation, à Etienne Girard.
3. Habitation, à Pierre Morin.
4. Habitation, à Pierre Barbot, (m. à Anne Lauzet.
5. Habitation, à Jean Bourbon, (m. en 1690, à Claudine Guérin.)

6. Habitation, à Jacques Frichette, (m. à Jeanne Falardeau.)

7. Habitation, à Pierre-Jean Boutet dit Lebeuf, (m. en 1687, à Marie Guérin) fils de Guillaume et de Marie Beut, de Coulonge-les-Royaux ; premier ancêtre canadien. Successeurs : Réné Boutet, (m. en 1741, a Elisabeth Hilarest, Lairet,) Pierre Boutet, (m. à Marguerite Langevin,) Louis Boutet, (m. à Josephte Blondeau,) Louis Boutet, (m. à Marguerite Drolet,) Louis Boutet de Québec, (m. à Marie Savard.)

8. Habitation, à Réné Duchesneau, dit Sansregret, (m. en 1695, à Jeanne Guérin,) premier ancêtre canadien, à Charlesbourg.

9. Habitation, à André Genest, notaire royal, (m. en 1730, à Marie-Anne Renault,) fils de Géraut, et de Marie Lacoste, de St-Etienne, ville de Toulouse, Languedoc. Etant sous la tutelle d'une marâtre, il déserta la maison paternelle à l'âge de 15 ans pour venir au pays avec d'autres émigrés. Les Jésuites le prirent sous leur protection. C'est lui qui a fait le Terrier du fief St-Gabriel. Il a pratiqué pendant près de 50 ans comme notaire,

il signait Geneste. Voici comment il commençait ses actes : " Par devant le Notaire des Seigneuries de Notre-Dame des Anges, St-Gabriel et autres lieux, Résidant au Village St-Martin, paroisse de Charlesbourg soussigné." Il est le premier ancêtre canadien des Genest de Charlesbourg et de St-Ambroise, aussi des MM. Genest du département des terres de la Couronne.

10. Habitation, à Barthélemi Chaillé, (m. en 1716, à Louise Guérin, veuve de Jacques Marquet Cliche.)

11. Habitation, à Pierre Verret.

12. Habitation, à Pierre Boutet, (1° m. à Geneviève Cloché, (Marquet,) 2° m. à Madeleine Déry.)

13. Habitation, à Louis Cloché dit Lemollet, (Marquet,) (m. à Michelle Tessier.)

14. Habitation, à Pierre Boutet.

Petit St-Antoine.

Qu'au bout des profondeurs de la route St-Martin, entre Ste-Barbe ou Lormière, huit arpens de front.

1. Habitation, à Pierre Duchesneau, fils de Réné, (m. en 1727, à Catherine Barbot.)

2. Habitation, à Guillaume Falardeau, fils, (m. en 1718, à Jeanne Renault.) Maison paternelle de St-Laurent, des Ursulines.

3. Habitation, à Pierre Renault, (m. à Thérèse Déry.)

4. Habitation, à François-Claude Estiambre dit Sansfaçon, (m. à Madeleine Auclair.)

5. Habitation, à Thomas Sarazin, (m. en 1716, à Agathe Chorest.)

6. Habitation, à François L'Angoumais, (Darveau,) 1° m. en 1699, à Marie Content; 2° m. en 1712, à Catherine Mazeray, veuve de Jacques Auvray,) premier ancêtre canadien de tous ceux qui portent le nom de Darveau.

Au nord est le village des Hurons.

Au nord-est de la route de Notre-Dame de la Miséricorde,
(La Misère.)

---

1. Habitation, à Jean Auclair, 2 arpents en culture à la pioche.

2. Habitation, à Pierre Verret, (m. en 1703, à Madeleine Bonniot.)

3. Habitation, à Charles Verret, (m. à Marguerite Tessier.)

4. Habitation, à Joseph Cliche.

5. Habitation, à Vincent Cliche, (m. à Madeleine Auclair.)

6. Habitation, à Ignace Cliche, (m. à Jeanne Renaud.)

7. Habitation, à Guillaume Galarneau.

8. Habitation, à Pierre Renaud, (m. à Marguerite Bédard.)

9. Habitation, à Veuve Louis Renaud, (Madeleine Bédard,) pas de bâtisse.

10. Habitation, à Alexandre Renaud, 2 arpens à la pioche.

11. Habitation, à Thomas Pageot, (m. à Madeleine Gervais.)

L'Ormière ou route Ste-Barbe.

1. Habitation, à Jacques Savard, (m. à Ambroise Falardeau.)

2. Habitation, à Bernard Renaud, (m. en 1698, à Jeanne Déry.)

3. Habitation, à Louis Renault, (m. en 1730, à Madeleine Bédard.)

4. Habitation, à Simon Savard, (m. en 1682, à Françoise Letellier,) fils de Simon Savard et de Marie Hurdouil ; premier ancêtre canadien de tous ceux qui portent le nom de Savard.

5. Habitation, à Henri Guérin, fils de Clément I, (m. en 1700, à Catherine Bon.)

6. Habitation, aux héritiers de Jacques Auvray.

7. Habitation, à Simon Barbot, (m. à Catherine Auvray.)

8. Habitation, aux héritiers de Pierre Léreau, (m. en 1689, à Marguerite Badeau.) Successeurs : Pierre Léreau, (m. en 1712, à Marie Dumont,) Pierre Léreau, (m. en 1739, à Françoise Falardeau,) son frère et son beau-frère Joseph Léreau, (m. à Geneviève Falardeau,) fut assassiné par les voleurs en juin 1762, d'après la tradition, les trois

assassins furent pendus devant sa maison ; Louis Léreau, (m. à Josephte Jobin,) Charles Léreau, (m. à Marie Savard,) père de Louis, (1° m. à Marie Boucher ; 2° m. à Madeleine Boutet ; 3° m. à Philomène Rochette,) (p. a.,) et de Joseph Léreau, boulanger de Québec, (m. à Philomène Jobin.)

9. Habitation, à Jean Bergevin-Langevin, (m. à Madeleine Tessier.)

10. Habitation, à Jacques Auvray, (m. à Anne Rondeau.)

11. Habitation, à Siméon Morin, (m. à Marie Bergevin,) fils de André.

12. Habitation, à Frs Savard, (m. à Marguerite Renault.)

CINQUIÈRE ROUTE.

---

1. Habitation, à Jean Barbot, (m. à Catherine Vivier.)

2. Habitation, à M. Pagé.

3. Habitation, à Jean Dumont, (m. en 1689, à Marguerite Morin.)

4. Habitation, à Simon Morin.

5. Habitation, à François Barbot, (m. en 1710, à Louise Dumont.) Maison

paternelle de Joseph Barbot, le cocher
du marquis de Montcalm, en 1759.

6. Habitation, à Guillaume Falardeau,
père, (m. en 1694, à Marie-Ambroise
Bergevin-Langevin, fille du premier
ancêtre de Mgr Langevin, archevêque
de Saint-Boniface.) Voici, ce que nons
lisons dans les notes sur les archives de
Beauport par Mgr Langevin : "25 janv.
Dispense d'un ban accordée par Mgr
l'Evêque. Mariage de Guillaume Follar-
deau fils de desfunt Jean & de Jeanne
Coutault du Diocèze de Saintes. Le d.
Guillaume étant Soldat de la Compagnie
du Sr. de St. Jean d'une part Et
Ambroise fille de Jean Bergevin &
Marie Pithon habitant du d. Beauport."
Il est le premier ancêtre canadien de
tous ceux qui portent ce nom.

C'est le premier ancêtre de notre
célèbre artiste canadien, Antoine-Sébas-
tien Falardeau, peintre d'histoire, fils
de Joseph Falardeau et de Isabelle
Savard, né au Cap-Santé le 13 août 1822.
Il eut pour première institutrice Madame Delâge (Thècle Bédard,) sœur de
M. Antoine Bédard, curé de Charlesbourg ; créé Chevalier de l'Ordre de

St-Louis en 1851 ; (m. à Florence en 1861, à une fille noble, Melle Catherine Manucci-Benicasa.) M. l'abbé H.-R. Casgrain a écrit sa biographie en 1862.

7. Habitation, à Ignace Bergevin-Langevin, frère de Madame Guillaume Falardeau.

VALCARTIER.

Comme Valcartier est situé sur le fief St-Gabriel, je ne dirai que quelques mots sur son commencement de colonisation.

En 1820, la Chambre d'Assemblée du Bas-Canada nomma un Comité pour s'enquérir de l'avancement de la colonisation du Bas-Canada. M. Richard Coughtie, habitant de Valcartier fut appelé à rendre témoignage devant ce Comité. Voici ce qu'il dit : " Valcartier a commencé en août 1816, c'était à deux lieues des autres habitations. Il n'y avait pas de chemin pour faire passer un cheval. Il y avait quatre hommes, trois femmes et quatre enfants de 7 ans. Trois hommes étaient protestants et l'autre catholique. La Société établie à Québec pour les émigrés avait donné à chacun dix arpens à défricher et clore ces quatre lots, pour quatre Messieurs de Québec. En 1819, il y avait 182 âmes, 62 maisons, 18 chevaux etc." Il donna aussi la liste des noms des premiers habitants.

La mission catholique de Valcartier fut érigée en 1832, sous le vocable de St-Marcel ; M. Hugh Paisley, curé de Ste-Catherine, fut le premier chapelain, 1832-1842. En 1834, on changea le nom de St-Marcel en celui de St-Gabriel de Valcartier. En 1842, M. Michael Griffith, fut nommé premier curé résidant, avec la desserte de St-Edmond de Stoneham. Avant ce temps, St-Edmond et le Lac Beauport, étaient desservis par M. Pierre Roy, curé de Charlesbourg. Aujourd'hui, c'est M. S. Jolicœur, qui est curé de St-Edmond de Stoneham, fils de M. Philippe Jolicœur, Ex-Ass.-Secrétaire provincial ; celui-là même qui a écrit la chronique sur le Château Bigot du Bourg la Reine, citée dans l'histoire de Charlesbourg, par M. l'Abbé Charles Trudelle.

ST-EDMOND DE STONEHAM.

Son commencement de colonisation :
Mr Andrew McCambrige, de la paroisse
de Charlesbourg, ayant été appelé en
1829, devant un comité spécial de la
Chambre, dit : "Que le township de
Stoneham contient une population d'environ 93 âmes ; que les premiers habitans y sont établis depuis environ neuf
ans ; qu'il n'est pas aussi avancé sous le
rapport de la culture que les autres
nouveaux établissémens aux environs
de Québec ; le retard est dû entièrement
au manque de chemins. Que nombre
de colons auraient été disposés à y
prendre des terres, mais que le mauvais
état des chemins les en a empêchés. En
effet les chemins sont si mauvais, que
dans l'été un cheval ne saurait s'y
rendre avec la moindre charge, ou s'il
porte le moindre fardeau c'est au risque
de se casser les jambres ; que dans le
temps humide on n'y peut même passer
à pied, sans mettre sa vie en danger.
Qu'il vivait avec le Révérend M. Toosey,
qui, il y a environ 33 ans, entreprit
d'établir ce township : la richesse du sol

porta M. Toosey à dépenser £2000 à £3000 pour l'établir, mais le manque de chemin fit échouer complètement son projet ; cependant il croit qu'on pourrait faire un bon chemin de voiture pour aller à Québec avec environ £500. Que la longueur de ce chemin à partir des anciens établissements est d'environ 8 milles. Que pour faire les ponts nécessaires sur le chemin. il faudrait £100. Qu'un bon chemin à Stoneham faciliterait les communications au sudest et au nord-est, de même qu'avec le sixième et dernier rang de la seigneurie de Beauport, connu sous le nom d'établissement de Waterloo; et qu'un pareil chemin faciliterait l'établissement du pays, et raccourcirait aussi la communication à Valcartier d'environ 5 milles, et offrirait un moyen de subsistance à un grand nombre d'individus pauvres, qui sont maintenant à charge au pays, et la cité en retirerait de grands avantages par le bois de chauffage et de charpente qu'elle en tirerait."

PAROISSE DE LIMOILOU.

Comme complément à ce qui a été dit de la Seigneurie de Notre-Dame des Anges, voici ce que nous lisons dans *L'Evénement* du 15 mai 1896 : "M. l'abbé Joseph-Albert Côté, Chapelain du Collège de St-François de la Beauce, vient d'être nommé curé de Limoilou. La nouvelle paroisse sera prochainement érigée canoniquement. M. le curé dira la première messe dimanche prochain, (Fête de la Pentecôte,) dans la chapelle temporaire, installée dans la bâtisse en pierre à l'extrémité sud de la corderie." Cette nouvelle paroisse se trouve détachée de la paroisse de St-Roch, elle se composera de la première concession de Notre-Dame des Anges qui est de 30 arpents de profondeur, bornée en front par la rivière St-Charles : de l'autre côté, par le chemin de Charlesbourg et de la seigneurie de Beauport, c'est-à-dire le village de Hedleyville et de la Canardière. Les Révérendes Mères de l'Hôtel-Dieu ont donné gratuitement à Sa Grandeur Mgr Bégin, 5 arpents de terre

12

pour la nouvelle église, et la fabrique
de St-Roch a souscrit le montant de
$5,000 pour sa construction. De son
côté, M. Antoine Gauvreau, curé de
St-Roch, a donné ce qu'il fallait de plus
urgent pour le service du culte. M. l'abbé
Joseph-Albert Côté, premier curé, est
né le 20 février 1865, à Notre-Dame de
Lévis ; fils de Ignace Côté et de Priscille
Bégin ; ordonné le 26 mai 1888.

Habitations de la Canardière,

(En 1700.)

---

1. Habitation, aux héritiers de Paul
Chalifou et de Jacquette Archambault,
3 arpens de front.

2. Habitation, à Charles Denys Sieur
de Vitré, et de Catherine De Lostelneau,
2 arpens et demi de front.

3. Habitation, à François Trefflé dit
Rottot, et de Catherine Mathieu, $2\frac{1}{2}$
arpens.

4. Habitation, à Maurice Pasquier, et
de Françoise Forget, $7\frac{1}{2}$ arpens.

5. Habitation, aux héritiers de Jean Chapeleau, (m. en 1654, à Jeanne Gagnon,) 3 arpens et 2 perches de front, premiers ancêtres canadiens de Sir J.-Adolphe Chapleau, Lieutenant-Gouverneur de la Province de Québec. C'est sur cette propriété que sera érigée prochainement l'église de la nouvelle paroisse de Limoilou.

Sir Adolphe Chapleau est né à Ste-Thérèse de Blainville, comté de Terbonne, P. Q., le 9 novembre 1840, fils de M. Pierre Chapleau et de Marie-Zoé Sigouin, (Séguin.) Les premiers ancêtres canadiens de la mère de Sir Adolphe, étaient de Charlesbourg, Jean Séguin, (m. en 1669 à Lucrèce Billot,) ils demeuraient voisins de Joseph Thibault, aïeul maternel du Juge Pierre Bédard du village St-Pierre. Madame Séguin est décédée le 23 novembre 1706, à Charlesbourg.

6. Habitation, à Timothée Roussel, chirurgien, et Catherine Fournier, 5¼ arpens.

7. Habitation, à Jean LeNormand, et Anne Le Laboureur, 5½ arpens. Successeur : Charles Lenormand, m. en 1691,

à Marie Dionne, fille de Antoine Dionne, premier ancêtre du Dr N.-E. Dionne, bibliothécaire de la Législature, et de tous ceux qui portent le nom de Dionne.

8. Habitation, à Joseph LeNormand, fils, et Anne Chalifour, 2 arpens et demi.

9. Habitation, aux Jésuites, terre du passage à gué de la Petite Rivière St-Charles, 2 arpens.

10. Habitation, à Etienne Landron, et Elisabeth De Chavigny, 6 arpens et 2 perches. M. Ernest Myrand a reproduit un plan figuratif de la Canardière en 1690 dans son ouvrage sur Phips devant Québec.

KALM

— A —

Charlesbourg et a Lorette

En 1749.

Je crois intéresser le lecteur en insérant ici un extrait du rapport d'un voyage, fait en 1749, par Pierre Kalm, naturaliste suédois, de Québec au Village des Hurons de la Jeune Lorette, donnant les habitudes, mœurs et coutumes des habitants, et la description des habitations : (Traduction de L. M. Marchand, avocat.)

Québec, le 11 août 1749.

Ce matin, j'ai fait une promenade hors les murs avec M. Gauthier, le médecin du roi, pour collectionner des plantes et visiter un couvent de femmes à quelque distance de Québec, (l'Hôpital général.) Ce monastère, magnifique édifice en pierre, occupe un site charmant, entouré qu'il est de champs, de prairies et de bois au travers desquels

on voit Québec et la rivière St-Laurent ;
un hôpital pour les vieillards indigents,
les infirmes, etc., fait partie du monastère ; il est divisé en deux salles :
l'une pour les hommes, et l'autre pour
les femmes. Les religieuses subviennent
aux besoins des malades des deux sexes,
avec cette différence, néanmoins, qu'elles
ne font que préparer la nourriture des
hommes, apporter leurs mets, enlever
la nappe après le repas et leur donner
des remèdes, laissant le reste du service
aux domestiques ; mais dans l'apparte-
ment des femmes, elles font tout le
service elles-mêmes. Le règlement de
l'hôpital est le même que celui de
l'hôpital de Québec. Par une faveur
toute spéciale, l'évêque, à la prière du
Marquis de la Galissonnière, gouverneur-général du Canada, m'a accordé la
permission de visiter ce couvent ; aucun
homme n'y peut entrer sans une permission de l'ordinaire, et c'est un
honneur qui s'accorde rarement. L'ab-
besse, suivie d'un grand nombre de
religieuses, nous a conduits dans tous
les appartements. La plupart de ces
nonnes appartiennent à des familles

nobles et l'une d'elles est la fille du gouverneur. Il y en a beaucoup qui paraissent âgées, mais il y en a aussi quelques-unes très jeunes et fort jolies. Il m'a semblé qu'elles étaient plus polies que les religieuses de l'autre couvent. Quant à la division des chambres, elle est la même que dans cette dernière maison, à l'exception de quelques meubles en plus dans les cellules ; les lits sont entourés de rideaux bleus ; il y a une couple de petits bureaux avec une table au milieu, et des tableaux suspendus aux murs. Les cellules n'ont pas de poële. Mais les salles et les chambres dans lesquelles les nonnes se réunissent, ou qui sont occupées par les malades, sont chauffées par un poële en fonte. Le nombre des religieuses est indéterminé ici, et si j'en juge par mes yeux, il est très considérable. Il y a aussi quelques novices qui se préparent à faire leur profession. De petites filles sont envoyées ici par leurs parents pour êtres élevées par les sœurs dans les principes de la religion chrétienne, et apprendre à faire toutes sortes d'ouvrages de dames. Le couvent, à distance, paraît comme un palais ; il a été fondé par un évêque, dont les restes, dit-on, reposent dans l'église.

Nous avons botanisé dans les champs voisins jusqu'à l'heure du dîner, et de retour au couvent nous nous sommes mis à table avec le chapelain, un vénérable père récollet très âgé. Les mets, tous apprêtés par les religieuses elles-mêmes, étaient aussi nombreux et variés que sur la table des grands. Il y avait, en outre, plusieurs sortes de vins et beaucoup de conserves. Il paraît que les revenus du monastère sont considérables. L'édifice est surmonté d'un clocheton contenant une cloche. Quand on considère les grandes étendues de terrain que le roi a données aux couvents, aux jésuites, aux prêtres et à plusieurs famille nobles, il semblerait n'avoir presque rien gardé pour lui-même.

Notre framboisier commun est extrêmement abondant ici ; il couvre les coteaux et court sur les lisières des champs, et les bords des rivières, en longues haies qui, en cette saison, paraissent toutes rouges, tant les bran-

ches de l'arbuste sont chargées de baies
en pleine maturité. On les donne
comme dessert après dîner, au naturel
ou en confiture.

Le sorbier, ou frêne sauvage, est très
commun dans les bois environnants.

On regarde ici le nord-est comme le
vent le plus perçant. Des personnes
dignes de foi m'ont assuré que l'aquilon,
quand il est très violent en hiver, passe
à travers les murs d'épaisseur moyenne,
si bien que toute la muraille en dedans
de la maison est couverte de neige ou
d'une gelée blanche, et qu'une chandelle
placée près d'un mur plus mince est
presque soufflée par l'air qui le trans-
perce.

Le nord-est endommage jusqu'aux
maisons en pierre, surtout à leur pignon
septentrional qu'il faut réparer souvent.
Les vents du nord et du nord-est sont
pareillement redoutés ici comme les
plus glacés. En été, le premier amène
généralement la pluie.

La différence de climat entre Québec
et Montréal est très grande. Le vent
et la température à Montréal sont souvent tout l'opposé de ce qu'ils sont à

Québec. L'hiver n'y est pas aussi rigou
reux. Plusieurs espèces de poires délici
euses qui viennent bien à Montréal
ne réussissent pas ici, et la gelée le
détruit fréquemment. Québec a géné
ralement plus de temps pluvieux que
Montréal ; le printemps y commenc
moins vite et l'hiver plus tôt, et toute
les espèces de fruits y mûrissent une
semaine ou deux plus tard qu'à Mont
réal.

12 août.

Cette après-midi, je suis sorti de la
ville avec mon serviteur, pour aller
passer une couple de jours à la cam
pagne, afin d'avoir plus de loisir pour
examiner les plantes qui croissent dans
les bois, et le pays en général. Dans le
but de me faciliter cette excursion, le
gouverneur-général avait envoyé cher
cher un Indien de Lorette pour nous
servir de guide, et m'indiquer en même
temps l'usage que les aborigènes font
des plantes naturelles. Cet Indien était
un anglais de naissance qui fut pris par

les sauvages, il y a trente ans, alors qu'il n'était encore qu'un petit garçon, et adopté par eux, suivant leur coutume, pour tenir la place d'un des leurs tué par l'ennemi. Depuis ce temps il est toujours resté avec eux ; devenu Catholique Romain, il s'est marié avec une femme Indienne, s'habille comme un Indien, parle anglais et français et plusieurs des idiômes sauvages. Dans les guerres entre les Français et les Anglais, les tribus amies des Français ont fait beaucoup de prisonniers des deux sexes dans les colonies anglaises, les ont adoptés et mariés avec des gens de leur nation. Il s'en suit que le sang indien en Canada est très mélangé de sang européen, et une grande partie des sauvages maintenant vivants peuvent se dire d'origine anglaise. Chose remarquable, la plupart des individus qu'ils ont ainsi pris pendant la guerre, et incorporés à leurs nations, les jeunes gens surtout, ont refusé de retourner dans leur pays natal, alors même qu'il était en leur pouvoir de le faire, résistant aux sollicitations de leurs plus proches parents, venus exprès pour les chercher, et préférant la vie licencieuse dès sauvages aux douceurs du foyer paternel. Ces Indiens d'adoption s'habillent comme les sauvages, et font tout à la mode indienne. Ce n'est pas chose aisée que de les distinguer des vrais Indiens, si ce n'est par leur couleur, qui est un peu plus blanche. Il y a aussi un grand nombre de Français qui sont allés habiter avec les Indiens et ont adopté leur manière de vivre. Au contraire, c'est à peine si l'on connaît un Indien qui ait adopté les coutumes européennes; ceux qui ont été faits prisonniers pendant la guerre, ont toujours cherché à retourner au milieu des leurs, même après avoir joui, pendant plusieurs années de captivité, de tous les privilèges des Européens en Amérique.

Les terres que nous parcourons sont partout divisées en champs et en prairies ou pâturages. Nous ne voyons que fermes et maisons de fermiers. Près de la ville, le sol est plat et coupé, ci et là, par des ruisseaux limpides. Les chemins sont excellents, larges et bordés de fossés de chaque côté, dans les terrains bas. Mais à mesure qu'on s'éloigne de la ville, le sol devient plus élevé; on dirait des terrasses échelonnées les unes au-dessus des autres. Le sol de ces plateaux est uni et très fertile, et on n'y voit pas de pierres. Sous ce riche terreau il y a un fond de roche feuilletée, si commune ici, et qui se divise en petits fragments sous l'action de l'air. Ces couches sont tantôt horizontales, tantôt perpendiculaires, comme dans plusieurs autres localités autour de Québec. Toutes les collines sont cultivées ; sur le sommet de plusieurs on distingue des villages pittoresquement groupés autour de belles églises. Les prairies sont gnéralement dans les vallées, quoiqu'il y en ait sur les coteaux. Bientôt après, nous jouissons de la plus belle perspective possible, du haut d'une de ces éminences. A l'est nous avons une vue splendide de Québec ainsi que de la rivière St-Laurent. Plus loin, au levant, une longue chaîne de hautes montagnes court sur une ligne parallèle au fleuve, quoiqu'elle en soit éloignée de plusieurs milles. A l'occident, à quelque distance du plateau que nous occupons, les

collines se changent en une autre
longue chaine de très hautes montagnes
rapprochées les unes des autres, et
courant aussi parallèlement à la rivière
c'est-à-dire du sud au nord. Ces masses
imposantes sont formées d'une pierre
grise, composée de plusieurs espèces de
pierres dont je ferai une mention
spéciale dans la suite. Il semblerait
que l'ardoise de ces montagnes est de
date aussi ancienne que la pierre grise
puisque d'immenses blocs de cette pierre
s'y trouvent au sommet, tandis que c'est
l'ardoise qui en forme la base.

Les hautes prairies en Canada sont
excellentes, et de beaucoup préférables
à celles des environs de Philadelphie et
des autres colonies anglaises. Plus
j'avance au nord, plus elles sont belles,
et plus le gazon en est riche et fourni.
L'herbe ici est de deux sortes, savoir:
une espèce d'herbe à feuilles étroites, et
dont les épis contiennent trois ou
quatre fleurs si petites que la plante
pourrait facilement être prise pour
l'agrostis, et dont la graine est à base
pubescente. L'autre plante, qui croît
dans les prairies, est le trèfle blanc.

Ces deux sortes d'herbes forment le foin des prairies, et ce foin est très fourni et serré. Le paturin des prés (Poa) a une tige assez élevée, mais ses épis sont très minces. Au pied de cette herbe, le sol est couvert de trèfle, de sorte que l'on ne peut trouver de meilleures prairies que celles-là. Toutes ces prairies ont été auparavant des champs de blé; on y voit encore la trace de la charrue. On ne les fauche qu'une fois l'été, parce que le printemps commence tard.

Les cultivateurs sont maintenant occupés à faire leurs foins et à les rentrer, et il y a environ une semaine qu'ils ont commencé ces travaux. Il y a de grands tas de fourrage près de la plupart de leurs prairies. Lorsque le foin est humide, on le met en monceaux de forme conique.

Comme les bestiaux sont parqués dans les pâturages de l'autre côté des bois, et confiés à la garde de vachers en cas de nécessité, beaucoup de colons se dispensent de clôturer leurs terres.

Les champs sont très grands. Je n'ai pas vu de fossés nulle part : ce n'est pourtant pas manque de besoin, ainsi qu'il m'a semblé en certains endroits. Ces champs sont divisés en planches larges de deux ou trois verges entre les raies. La hauteur perpendiculaire d'une planche de son milieu au fond du sillon, est de près d'un pied. Tout le blé est du blé d'été; le froid durant l'hiver détruisant le grain qui a été déposé dans la terre, on n'en sème pas l'automne. Le blé blanc est très commun dans les champs; il y a aussi de grandes pièces de pois, d'avoine, de seigle d'été en quelques endroits, et d'orge çà et là. Près de chaque ferme on voit un carré planté de choux, de citrouilles et de melons. Les champs ne sont pas toujours ensemencés; on les laisse en friche tous les deux ans. On ne laboure pas les terres en friche durant l'été, de sorte que les herbes sauvages y croissent en pleine liberté, et les bestiaux les broutent pendant toute la saison.

Les habitations dans la campagne sont bâties indistinctement en pierre ou en bois. Il n'entre pas de brique dans la construction des maisons en pierre, on n'en fait pas encore assez pour cela, ici. On emploie les matériaux que l'on trouve dans le voisinage, l'ardoise noire surtout. Cette ardoise qui parait compacte lorsqu'on la casse, se fendille lorsqu'elle est exposée à l'air ; cependant cela ne tire pas à conséquence, vu que les pierres tiennent ferme au mur, et ne s'en détachent pas. A défaut de cette espèce de schiste, on construit les maisons avec des moellons ou de la pierre à sablon, et quelquefois avec une pierre grisâtre. Les murs ont deux pieds d'épaisseur, rarement moins. On peut se procurer la pierre à chaux partout dans le voisinage. Presque toutes les maisons à la campagne sont en bois ; quelques-unes sont enduites à l'extérieur. Les joints sont remplis avec de la glaise au lieu de mousse. Les maisons ont rarement plus d'un étage de haut. Chaque chambre a, ou sa cheminée, ou un poële, ou les deux ensemble. Les poëles ont la forme d'un carré oblong ; quelques-uns sont entièrement en fer, et des dimensions qui suivent : longueur deux pieds et demi, hauteur un pied et demi, largeur un pied et demi. Ces poëles en fer viennent tous de la fonderie des Trois-

13

Rivières. D'autres sont en brique ou en pierre, de la grandeur à peu près des poëles en fonte, et recouverts au sommet d'uue plaque de fer. La fumée est conduite dans la cheminée par un tuyau en fer. En été les poëles sont enlevés. Arrivés à Lorette dans la soirée, nous allâmes passer la nuit chez les Jésuites.

------

13 août.

Sur le matin, nous continuons notre excursion à travers la forêt en gagnant les hautes montagnes, à la recherche de plantes rares et de curiosités. Le terrain est plat et couvert d'un bois épais, excepté dans les endroits marécageux. Près de la moitié des plantes que nous rencontrons croissent dans les bois et les marais de Suède.

Voici deux sortes de cerisiers sauvages qui sont probablement de simples variétés de la même espèce, quoiqu'ils diffèrent sous plusieurs rapports. Tous les deux sont communs en Canada, et produisent des baies rouges. L'un, appelé tout simplement *cerisier* par les

Français, porte des fruits qui ont le goût de notre cerise des Alpes, et leur âcreté est telle qu'elle fait contracter la bouche et les joues. Les baies de l'autre espèce ont un goût légèrement acidulé et agréable.

L'ellébore à trois feuilles croît en grande quantité dans les bois, et en beaucoup d'endroits il couvre tout le sol. Cependant il préfère un terrain humide qui n'est pas trop trempé; l'oseille sauvage, et la Circée de montagne, ou Herbe des Magiciennes, lui tiennent compagnie. Ses graines ne sont pas encore mûres, et la plupart de ses tiges n'en portent pas du tout. Cette plante est appelée la tissavoyanne jaune par tout le Canada. Les Indiens se servent de ses feuilles et de sa tige pour donner une belle couleur orange à certains ouvrages en peaux dans lesquels ils excellent. Les Français, qui ont appris cela d'eux, teignent la laine et d'autres tissus avec cette plante.

Nous atteignîmes avec beaucoup de difficulté le sommet d'une des plus hautes montagnes, mais, à mon grand désappointement, je n'y ai rien trouvé que je n'eusse déjà vu en Canada. Nous n'eûmes pas même le plaisir de la perspective, les bois qui couronnent le sommet de cette éminence obstruant la vue. En fait d'arbres, j'ai noté le charme, ou *Carpinus Ostrya*, Linn., l'orme d'Amérique, l'érable rouge, l'érable à sucre, cette espèce d'érable qui guérit les brûlures (que je n'ai pas encore décrite), le hêtre, le bouleau commun, le merisier, le sorbier (ou cormier), le pin du Canada, appelé pruche, le viorne aux feuilles dentelées, le frêne, le cerisier que je viens de décrire, et l'if baccifère.

Les moucherons sont plus nombreux que nous ne l'aurions désiré. Leur piqure irrite la peau, et les Jésuites de Lorette disent que le meilleur préservatif contre leurs attaques est de se frotter le visage et les parties nues du corps avec la graisse. On prétend aussi que l'eau fraîche est le meilleur remède contre leur piqure, pourvu que l'on ait le soin de laver les plaies tout de suite.

Il était nuit quand nous retournâmes à Lorette, après un examen minutieux

des plantes que nous avions rencon-
trées.

———

14 août.

Lorette (1) est un village situé à trois
milles français (lieues) à l'ouest de
Québec, habité principalement par des
Indiens de la nation Huronne, convertis
à la religion catholique. Le village
occupe le bord d'une petite rivière qui,
en cet endroit, tombe avec un grand
bruit du haut d'un rocher, et fait
tourner un moulin à scie et un moulin
à farine. Lorsque le jésuite qui les
dessert y vint pour la première fois, ils
vivaient dans des cabanes (wigwams)
faites sur le modèle de celles des Lapons.
Depuis, ils se sont bâti des habitations
à la mode française. Chaque maison
est divisée en deux parties, dont l'une
est la chambre à coucher et l'autre la
cuisine, qui contient un petit four en
pierre, recouvert à son sommet d'une

———

(1) Heriot, Travels through the Canadas, a une
très belle vue du Village Huron, en 1806.

plaque en fer. Les lits sont rangés
contre le mur et dépourvus de draps et
de couvrepieds ; l'Indien, lorsqu'il se
couche, s'enroule dans la même cou-
verture qu'il a portée toute la journée.
Les autres meubles et ustensiles paraissent également misérables. La petite église du village est vraiment jolie
avec sa flèche élevée couverte en fer-
blanc, qui contient une cloche. On prétend qu'elle a un air de ressemblance,
par sa forme et ses dimensions, avec la
Santa Casa de Lorette en Italie, d'où
vient le nom de Lorette donnée à ce
village. Près de l'église il y a une maison
en pierre servant de presbytère, et
occupée par les deux jésuites domiciliés
ici. Le service divin est aussi régulière-
ment suivi que dans aucune autre église
catholique, et j'ai été charmé de voir le
zèle des Indiens, surtout des femmes,
et de les entendre chanter, avec de belles
voix, dans leur idiôme, toutes sortes de
cantiques. Leur habillement ressemble
à celui des autres sauvages ; les hommes
cependant aiment à porter des gilets,
ou vestes, comme les Français. Les
femmes restent fidèles au costume in-

dien. Il est certain que ces barbares et leurs ancêtres ont depuis longtemps, et même lors de leurs conversion à la religion chrétienne, fait un vœu, ils l'ont gardé d'une manière inviolable jusqu'à présent, et il est très rare d'en voir sous l'influence de la boisson ; pourtant, Dieu sait si l'eau-de-vie et les autres liqueurs enivrantes ont généralement de l'attrait pour les Indiens qui, bien souvent, préféreraient mourir plutôt que de s'en priver.

Ces Indiens ont choisi les Français pour modèles en beaucoup d'autres choses que la construction de leurs maisons. Ils cultivent tous le maïs, et quelques-uns ont de petits champs de blé et de seigle. Plusieurs d'entre eux ont des vaches. Ils sèment dans leurs pièces de maïs cette plante, si commune chez nous, que nous appelons soleil et ses graines forment un des ingrédients de leur sagamité, ou soupe au maïs. Le maïs qu'ils cultivent ici est de l'espèce naine, qui mûrit plus tôt que l'autre ; ses grains sont plus petits, mais ils donnent plus de farine et d'une meilleure qualité en proportion.

Il vient à maturité généralement au milieu, et quelquefois à la fin d'août.

Le blé d'hiver de Suède et le seigle d'hiver ont été essayés en Canada pour voir comment ils s'acclimateraient ; car on ne sème ici que le blé d'été, l'expérience ayant démontré que le blé et le seigle de France semés en automne ne supportent pas l'hiver. Le Dr Sarrazin (à ce que m'a dit le doyen des deux jésuites ici) s'est procuré de Suède une petite quantité de blé et de seigle de l'espèce dite d'hiver. Elle fut semée en automne, passa l'hiver sans dommage aucun et rapporta de beaux grains, à épis plus petits que le blé du Canada, il est vrai, mais près du double plus pesants, et ce grain donna une plus grande quantité de belle farine que le blé d'été. Je n'ai jamais pu savoir pourquoi l'expérience n'a pas été continuée. On ne peut, me dit-on, faire ici avec la farine de blé d'été du pain blanc qui vaille celui fait en France avec la farine de blé d'hiver. Je tiens de plusieurs personnes que tout le blé d'été maintenant cultivé ici vient de Suède ou Norvège ; car les Français, à leur arrivée, ont trouvé le froid en Canada trop sévère pour leur blé d'hiver et leur blé d'été ne venait pas toujours à maturité, à cause du peu de durée de la saison. Ils commencèrent en conséquence à regarder le Canada comme un pays à peu près inhabitable. C'est alors qu'ils songèrent à l'expédient qui leur a si bien réussi, de faire venir leur blé des pays du Nord de l'Europe.

Je retournai de jour à Québec, faisant des observations botaniques en chemin.

----

15 août.

Le nouveau gouverneur-général de tout le Canada, le Marquis de la Jonquière, est arrivé la nuit dernière, dans le port de Québec; mais comme il était tard, il a remis son entrée officielle à aujourd'hui. Parti de France le 2 juin, il n'a pu parvenir plus tôt au lieu de sa destination, les bancs de sable rendant la navigation très difficile aux vaissaux de fort tonnage dans la rivière St-Laurent. Les navires ne se risquent pas à monter sans un vent favorable, à cause des coudes nombreux qu'il leur faut tourner, et cela dans un chenal souvent très étroit.

Ce jour est en outre un jour de grande fête : celle de l'Ascension (l'Assomption) de la Vierge Marie, qui est célébrée avec la plus grande pompe dans les pays Catholiques-Romains. Le 15 août de cette année sera donc une date doublement remarquable, tant à cause de la fête, qu'à cause de l'arrivée du nouveau gouverneur-général qui est toujours reçu avec beaucoup d'éclat, ce fonctionnaire ayant, ici, le rang d'un vice-roi.

La politesse des habitants, ici, est bien plus raffinée que celle des Hollandais et des Anglais des colonies appartenant à la Grande Bretagne ; mais en revanche, ces derniers ne donnent pas autant de temps à leur toilette que les Français. Les dames, surtout, ornent et poudrent leurs cheveux chaque jour, et se papillottent chaque nuit. Cette coutume frivole n'est pas introduite dans les colonies anglaises. Les gentilshommes portent généralement leurs propres cheveux, mais il y en a qui font usage de perruques. Les gens de condition mettent du linge garni de dentelles ; tous les officiers de la couronne ont l'épée. Les gentilshommes, même ceux d'un rang élevé, le gouverneur-général excepté, lorsqu'ils vont en ville par un jour qui menace d'être pluvieux, portent leurs manteaux sur le bras gauche. Les amis de l'un et l'autre sexe, qui ne se sont pas vus depuis quelque temps, se saluent en s'embrassant mutuellement lorsqu'ils viennent à se rencontrer.

A quelques égards les repas ne sont pas les mêmes en Canada que dans les provinces anglaises. Cela dépend peut-être de la différence des coutumes, des goûts et de la religion entre les deux nations. On fait ici trois repas par jour, le déjeûner, le dîner et le souper. Le déjeûner se prend généralement entre sept et huit heures ; on est très matineux dans ce pays, à commencer par le gouverneur-général qui donne audience dès sept heures, à son lever. Les uns se contentent d'un morceau de pain trempé dans de l'eau-de-vie, d'autres commencent par le petit verre et mangent un crouton ensuite, ou avalent une tasse de chocolat ; beaucoup de dames prennent du café. Il ne manque pas de gens qui ne déjeûnent qu'à midi. Je n'ai jamais vu faire usage de thé ici ; on peut se procurer le café et le chocolat des colónies françaises de l'Amérique du Sud, tandis que pour le thé il faut le faire venir de la Chine, et je suppose qu'on ne trouve pas que ce breuvage vaille l'argent qu'il faudrait débourser pour se le procurer. Midi est l'heure du dîner, repas où l'on sert une grande variété de mets chez les gens de qualité et aussi chez les bourgeois, quand ils reçoivent des étrangers à leur table. Le pain, de forme ovale, est fait de farine de froment. Le couvert de chaque personne se compose d'une serviette, d'une cuillère et d'une fourchette. On donne des couteaux quelquefois, mais en général on les omet, chaque dame et monsieur ayant soin d'apporter son propre couteau. Les cuillères et les fourchettes sont en argent et les assiettes en porcelaine de Hollande. Le repas commence par une soupe qui se mange avec beaucoup de pain, puis viennent les viandes fraîches de toutes sortes, bouillies et rôties, le

gibier, les volailles, fricassées ou en
ragoûts, et diverses espèces de salades.
On boit généralement du bordeaux,
mêlé d'eau, au dîner. La bière d'épinette
est aussi très en vogue. Les dames
boivent de l'eau, rarement du vin.
Après le dîner vient le dessert qui
comprend une grande variété de fruits :
des noix de France ou du Canada au
naturel ou confites, des amandes, du
raisin, des noisettes, plusieurs espèces
de baies qui viennent à maturité dans
la saison d'été, comme les groseilles et
les gadelles, des atocas confits dans de
la mélasse, des conserves en sucre, de
fraises, de framboises, de mûres et
d'autres fruits de ronces. Le fromage
entre aussi dans le dessert, ainsi que le
lait que l'on prend, à la fin, avec du
sucre. Le vendredi et le samedi on
s'abstient de viande, suivant les règle-
ments de l'Eglise Catholique Romaine,
ce qui ne veut pas dire qu'on se laisse
mourir de faim. Ce jour-là on fait
bouillir toutes sortes d'herbes culinaires
et de fruits, on sert du lait, du poisson,
des œufs apprêtés de différentes ma-
nières. Le concombre coupé en tranches

et mangé avec de la crême est un mets excellent. Quelquefois on le sert au naturel; chaque convive s'empare d'un de ces rafraîchissants cucumis, le pêle, le coupe en morceaux et le mange à la croque au sel comme on fait des raves. Le melon est en abondance ici et on l'offre toujours avec du sucre, mais non le vin ou l'eau-de-vie. Les Français et les Anglais, qui ont de si belles plantations de canne-à-sucre dans leurs possessions des Indes Occidentales, ne consomment pas la moitié autant de sucre que nous, Suédois.

Les Français ne disent de grâces ni avant ni après les repas, mais ils font le signe de la croix, pas tous cependant. Immédiatement après le dîner, ils prennent une tasse de café sans crême. Le souper se donne ordinairement à sept ou entre sept et huit heures du soir, et il se compose des mêmes mets que le dîner. Le pudding est inconnu ici; on sait préparer le punch, mais il n'est pas d'usage de le passer.

23 août.

En beaucoup d'endroits dans les environs on se sert de chiens pour apporter l'eau de la rivière. Aujourd'hui même, j'ai vu deux mâtins d'assez forte taille, attachés à une petite charrette, l'un devant l'autre, complètement harnachés comme des chevaux et le mors en gueule. Il y avait un tonneau dans la charrette ; un gamin courant derrière la voiture dirigeait l'attelage qui, à peine arrivé au bord de la rivière, y entra de son plein gré ; quand le tonneau fut rempli, les chiens remontèrent la côte avec leur charge qu'ils traînèrent jusqu'à la maison de leur maître. Il m'a été donné de voir pareil équipage plus d'une fois pendant mon séjour à Québec. Quelquefois on n'attelle qu'un chien au tonneau qui est plus petit en proportion. Ces animaux ne sont pas très gros, c'est à peine si leur taille dépasse celle de nos mâtins de ferme. Les gamins qui les conduisent sont armés de grands fouets avec lesquels ils exitent leur ardeur au besoin. On ne leur fait pas seulement porter l'eau, mais aussi le bois et d'autres fardeaux.

En hiver les voyageurs au Canada ont l'habitude d'atteler des chiens à de petits traîneaux construits sur un modèle exprès, et dans lesquels ils déposent leurs vêtements, leurs provisions, etc. Ce mode de transport est surtout commun parmi les pauvres dans leurs courses, qu'au reste, ils ne font jamais qu'à pied. Presque tout le bois que les indigents ramassent dans les forêts en hiver est charroyé par cet utile animal qui, en conséquence, a reçu le nom de " cheval du pauvre." On met ordinairement une paire de chiens devant chaque charge de bois. J'ai vu plus d'une fois des dames se donner le plaisir d'une promenade en hiver avec ce singulier attelage, qui va plus vite qu'on serait porté à le croire quand les chemins sont bien battus. Un chien de moyenne taille peut traîner une seule personne sur une route unie. Des vieillards m'ont assuré que les chevaux étaient tellement rares dans leur jeunesse que presque tout le charriage par terre se faisait avec des chiens. Je tiens aussi de plu-

sieurs Français qui ont voyagé parmi
les Esquimaux sur la terre du Labrador,
que non seulement ils se servent de
chiens pour le transport de leurs provisions, mais aussi pour se faire voiturer
eux-mêmes sur de légers traîneaux.

Tous les chevaux canadiens sont forts,
vifs, bien faits, aussi grands que nos
chevaux de cavalerie et d'une race
importée de France. Les habitants ont
la coutume de couper la queue à leurs
chevaux, ce qui est une vraie cruauté ici,
puisqu'on les prive ainsi de leur unique
moyen de défense contre les moucherons, les taons et les hippobosques.
Cette coutume vient peut-être de ce
qu'ils attellent leurs chevaux l'un devant
l'autre ; et pour empêcher celui de
devant de blesser les yeux de celui qui
est dans les timons en agitant sa queue,
ils auront pris le parti d'écourter tous
leurs chevaux.

Le gouverneur-général et quelques-
uns des principaux de la ville ont des
carrosses, mais le reste du peuple se
sert de cabriolets. On se plaint généralement que le peuple de la campagne
commence à élever un si grand nombre

14

de chevaux que les bestiaux manquent de fourrage en hiver.

Les vaches, de la taille de notre vache de Suède, viennent de France aussi. Il est admis que le bétail né, ici, d'animaux importés d'Europe, n'en atteint jamais les proportions. Cette dégénération est attribuée à la rigueur excessive des hivers canadiens, qui oblige le cultivateur de tenir ses bestiaux renfermés dans l'étable et pauvrement nourris. Le plus grand nombre de vaches ont des cornes, j'en ai vu cependant qui étaient dépourvues de cet appendice frontal. Une vache sans cornes serait une curiosité inouïe en Pennsylvanie. La chair des bœufs et des veaux engraissés à Québec est préférable à celle des animaux de boucherie élevés à Montréal, elle est beaucoup plus grasse et plus savoureuse. Cette différence est attribuée aux prés salés du bas du fleuve. En Canada les bœufs tirent avec leurs cornes, mais dans les colonies anglaises ils tirent par le garrot comme les chevaux. Les vaches varient de couleur, mais la plupart sont rouges ou noires.

Chaque habitant élève ordinairement quelques moutons qui lui fournissent toute la laine dont il a besoin pour se vêtir. Mais les meilleurs étoffes viennent de France. Le mouton importé ici dégénère, et sa progéniture encore plus que lui-même. Le manque de nourriture pendant l'hiver est, dit-on, cause de cette dégénérescence.

Je n'ai pas vu de chèvres en Canada, et on m'assure qu'il n'y en a pas. Dans les colonies anglaises, on n'en rencontre que dans les villes seulement, où on les garde pour certains malades qui boivent le lait de chèvre sur l'avis de leurs médecins.

Les herses sont de forme triangulaire; deux des côtés ont six pieds de long, le troisième en a quatre. Les dents, comme le reste de l'instrument, sont en bois, longues d'environ cinq pouces, et distantes d'autant les unes des autres.

ADMINISTRATION

— DE LA —

Justice de la Nouvelle-France.

———

Le Conseil de Québec fut établi en 1648. Il se composait du gouverneur-général, du supérieur des Jésuites, de trois habitants et des gouverneurs des Trois-Rivières et de Montréal (1).

En 1663, il fut remplacé par le Conseil souverain. Ce conseil se composait du gouverneur, de l'évêque, de l'intendant, d'un procureur-général, d'un greffier et de quatre autres conseillers nommés par le gouverneur. Voici les noms des premiers conseillers :

Jean Bourdon, Sieur de St-Jean et de St-François, Procureur-général.

Louis Roüer, Sieur de Villeray.

Jean Juchereau, Sieur de la Ferté.

Denis-Joseph Ruette Dauteuil, Sieur de Monceaux.

———

(1) M. J.-E. Roy, notaire et maire actuel de Lévis, a écrit une brochure très intéressante sur la Justice de la Seigneurie de Notre-Dame des Anges.

Charles Le Gardeur, Sieur de Tilly.

Mathieu Damours, Sieur Deschaufour.

Jean - Baptiste Peuvret, Sieur de Mesnu, Greffier.

Gaudais Dupont.

François, Evêque de Pétrée.

DeMézy, Gouverneur.

Liste des Juges de la Seigneurie de Notre-Dame des Anges depuis 1648 a 1759.

Ont été :

1. Pierre Duquet, notaire, avant 1663.

2. Claude de Bermen de la Martinière, le 23 août 1664.

3. Guillaume Roger, notaire le 16 avril 1688.

4. Michel Laferté, 1702.

5. Pierre Haimard, 1702-1718.

6. Etienne Dubreuil, 1718-1730.

7. Jacques Pinguet de Vautour, 1730-1740.

8. Jacques Pinguet, fils 1740-1748.

9. Sieur Turpin, 1748-1750.

10. Paul-Antoine-Frs Lanouiller des Granges, 1750-1759.

La première cause de Charlesbourg devant le Conseil Souverain, est du 15 décembre 1663.—Entre Michel Desorcy et Isaac Bédard. Arrêt condamnant Isaac Bédard à payer à Michel Desorcy 14 livres, pour un cochon qu'il lui avait baillé et qui était disparu.

Deuxième cause. — Entre Bernard Chappellain et Louis Chappellain, le père et le fils, à propos d'une habitation à la petite Auvergne, condamne le fils de se prosterner devant son père et de lui demander pardon de ses désobéissances et ingratitudes. Deffenses a lui de sortir a l'avenir du respect qu'il lui doit a peine de punition a quoi il a présentem nt satisfait. (Mgr de Laval était un des Juges.)

Troisième cause.—Entre Paul Chalifou et Simon Denis, à propos d'une borne ; Chalifou gagne sa cause.

Quatrième cause.—Entre Esmery Pasquet et Renée Guillochet sa femme, appellans de sentence d'une part et

Geneviève Alexandre femme de Pierre Conil intimée d'autre part. Magdeleine Guillodeau femme de Jean Poytevin du Bourg-Royal produite en témoignage qu'elle les a vue se battre et tirailler et donner deux coups de baston par la Guillochet. Condamne la dite Alexandre a payer ce qui est deub au chirurgien qui a pansé la dite Guillochet.

Six août 1675.

<hr>

16 janvier 1690.

Veu la Requeste ce jourdhuy presentée En ce Conseil par Jean Boësmé,— Pierre Guillebault Et Guillaume Vallade, A ce que faute par les seigneurs de Notre-Dame des Anges d'Avoir a leur moulin de Charlesbourg un brancard et des poids pour pezer le bled Et farine, Ils soient dechargez des droits Seigneuriaux Et tous autres que pouroient pretendre les dits seigneurs avec liberté a eux de faire moudre leurs grains ou bon leur semblera. Ouy sur ce le Procureur général du Roy, et Me. Guillaume Roger Juge des lieux Mande

& la Chambre. Le Conseil a Ordonne
Et Enjoint au dit Juge suivant larret
du dixneuvieme decembre dernier, de
se transporter sur les dits lieux Et faire
visite et procès verbal sil y a un
brancard Et des poids au dit moulin.

---

19 octobre 1693.

Veu par le Conseil la Requeste
presentée en iceluy par Charles Jobin
habitant de la Coste St. Bernard,
Contenant qu'il a obtenu Arret du
vingt sixi^e feurier dernier allencontre
de Réné Réome Charpentier, Parlequel
il est condamné suiuant Vn écrit non
signé ny datté, dont mention est au dit
Arrêt, luy payer la somme de Cent dix
neuf liures, y compris les depens taxez
suivant l'Executoire du dernier du dit
Mois, et luy rendre tout le bois neces-
saire pour batir Vne Maison de Colom-
bage de Vingt pieds de long et autant
de large, lequel Arrèt il a fait signifier
au dit Réome, avec commandement d'y
satisfaire le 28 du dit mois, Ce que
n'ayant pas fait, il a fait saisir réelle-

ment Vne terre appartenant au dit
Réome, scituée a Charlesbourg, joignant
d'un costé Jacques Bedart, et d'autre
Jacques Duhault. &c.

1er. aout 1707

Le Conseil assemblé ou Etoient Mon-
sieur Raudot fils Intendant Monsieur
Raudot père estant malade, Mrs. de
Lotbinière, Dupont Hazeur Et Macart
C^{on}, Et le Substitut du Procureur
général du Roy.

Entre Louis Renaud, Berthelemy
Cotton, dit la Roche Et Thomas Blondeau. Marguillers de L'Oeuure et fabrique de L'Eglise de St Charles Paroisse
de Charlesbourg, Demandeurs en re-
quête par eux presentee en ce Conseil
le dixhuict Juilllet dernier presents en
personnes Assistez de Mr. Jacques
Barbel nottaire en la Preuote de Cette
Ville d'Vnepart; Et André Bernier
habitant du Grospin au nom et comme
estant aux droits de deffunct Pierre
Canard Viuant aussy habitant du dit
Grospin deffendeur aussy present en

personne D'autre part ; Parties Ouyes Ensemble le Substitut du Procureur general du Roy ; Le Conseil auant faire droit sur lad. requeste a ordonné et ordonne que les héritiers dud. Deffunct Canard seront assignez a la requeste desd. Marguillers pour en Venir a l'Vndy prochain auec Led. Bernier pour eux ouys estre ordonné Ce que de raison despens reservez.

RAUDOT.

Le meme jour.

Entre Joseph Blondeau Capitaine de Milice de Charlesbourg et Agnès Giguere sa femme Demandeurs Et Marie Madeleine Marquis femme de François de Chasteauneuf de Montel deffenderesse.

LISTE

Des familles établies à Charlesbourg qui sont la SOUCHE des autres familles établies ailleurs, à l'exception de celles marquées d'un astérique (*). Cependant, ce sont des familles qui ne sont pas alliées avec les autres SOUCHES du même nom.

	Marié en	Fille de
* Alard, François,	1671, Jean Anguille,	(Michel I)
Auclair, Pierre,	1679, Madeleine Sédillot dit Desnoyers,	(Etienne I)
Auclair, André,	1681, Marie Bédard,	(Isaac I)
Aumier, Jean,	1680, Anne Guérin,	(Clément I)
* Barbot dit Laforet, André,	1669, Marie Janbon,	(Luçon)

	Marié en	Fille de
* Barbot, François,	1671, Marguerite Hedoien,	(Franc)
* Beaumont, Vincent,	1674, Marie Gongeauté, Vve Jacques Lechardon.	
Bedard, Isaac,	1645, Marie Girard.	
Bergevin, Jean,	1668, Marie Piton,	(Remy)
* Bernard de la Rivière,	1692, Madeleine Voyer,	(Pierre I)
* Bernier, André,	1660, Jeanne Bourré,	(Gilles I)
* Bertrand, Jean,	1652, Renee Boucherot.	
Blondeau, François,	1655, Nicole Roland-Gabrielle d'Assonville,	(Pierre)
* Bodin-dit-Desjardins, Phi.,	1699, Anne Aumier,	(Jean I)

Boesmé, Jean,	1668, Marie Hué.	
Bon-dit-Lacombe, Pierre,	1672, Michelle Duval,	(Pierre I)
* Bourbeau, Simon,	1656, Françoise Letarte,	
•* Bourdon, Jean,	1669, Claudine Guérin,	(Clément I)
* Bouré-dit-Lepine, Gilles,	1673, Marie BelleHache.	
* Boutet, Pierre-Jean,	1687, Marie Guérin,	(Clement I)
* Cailler, Jacques,	1669, Marie-Andrée Gervaise.	
* Cannard-dit-Renaud, Pierre,	1677, Marie Peltier,	(François I)
Chalifou, Paul,	1648, Jaquette Archambault,	(Jacques I)
Chamard, Pierre, (Patissier)	1° 1665, Florimonde Rableau,	(Mathurin)
	2° 1671, Catherine Drouet, Vve Millet.	

	Marié en	Fille de
Chamard Nicolas,	1689, Jeanne Renaud,	(Jacques II)
Chapelain, Louis,	1666, Françoise DeChaux.	
* Chartre, François,	1692, Apolline Morin,	(Andre I)
* Chretien, Michel,	1665, Marie Meunier,	(Claude I)
* Coton, Berthelemy,	Jeanne Lerouge,	(Jean I)
* Courtois, Bertrand,	1671, Marie Hallay,	(Pierre)
Darveau, François,	1699, Marie-Anne Content,	(Etienne I)
* Delage, Laurent-Jacques,	1690, Marie-Renee Bezeau,	(Pierre I)
DeSève-dit-Poitevin, Denis,	1° 1692, M.-Anne Vannier,	(Germain)
	2° 1703, Angelique Pasquier,	(Isaac I)
D'Héry, Maurice,	1679, Madeleine Philippeau,	(Claude I)

* Dubois, Frs, (Maçon),	1688, Marie Guilbault,	(Pierre I)
* Dubreuil, Claude,	1681, Elizabeth Boesme,	(Jean I)
Duhaut, Jacques,	1665, Marie LeMoine,	(Louis I)
* Dumont, Jean,	1689, Marguerite Morin,	(Andre I)
Dupéré, Michel,	1686, Marie Chretien,	(Michel I)
* DuRoy, Pierre,	1689, Marguerite Levasseur,	(Louis I)
Dorion, Pierre,	1688, Jeanne Hedoien,	(Jacques I)
Estiambre, Nicolas,	1712, Marguerite Savard,	(Simon II)
Fache, Nicolas,	1669, Catherine Suret.	
Falardeau, Guillaume,	1694, Ambroise Bergevin,	(Jean I)
* Fournier, Nicolas,	1670, Marie Hubert,	(Pierre)

	Marié en	Fille de
* Frichette, Jacques, (1)	1706, Françoise Sarazin,	(Nicolas I)
Gotreau, Charles,	1665, Françoise Cousin.	
* Gervais, Rene.	1669, Marie Jousselot,	(Pierre)
* Girard, Joachim,	1660, Marie Hallay,	(J.-Bte)
* Girardeau, David,	1679, Cath.-Romaine Dechambe,	(Jean)
Glinel, Jacques,	1676, Marie Pivain,	(Pierre)
* Guilbault, Pierre,	1667, Louise Senecal.	
Hedoien, Jacques,	1656, Jeanne Brassard,	(Antoine I)

---

(1) Il était meunier au moulin seigneurial de Charlesbourg. Durant que le moulin marchait, son fils Jacques composa une complainte ; elle est signée du 21 janvier 1747. *Voir :* APPENDICE No. 3.

Helie, Pierre,	1688, Madeleine, Jean,	(Elie I)
15 Henne-dit-Lepire, Martin,	1674, Françoise DuFave,	(Jean)
Hotte, Pierre,	1676, Marie Girard,	(Joachim I)
Jacques, Louis,	1688, Antoinette Leroux,	(François I)
* Jobin, Charles,	1655, Madeleine Girard.	
Joubert, Jean,	1669, Madeleine Testu,	(Edme I)
Laurent, Jean,	1680, Marie Peltier, Vve P. Cunard.	
Lauzet, Jean,	1669, Marie Jallais.	
* LeBlanc, Jacques,	1666, Anne-Suzanne Rouselin.	
Lerouge, Jean, (Arpenteur),	Jeanne Poitevin.	
* Ledoux, Pierre,	1668, Marie Guyet.	

	Marié en	Fille de
LeMeilleur, Jacques,	1677, Marie Valade.	
* Lepage, Jacques,	1694, Marie-Françoise Rosé,	(Noel I)
* Leroux-Cardinal, Frs,	1668, Marie Renaud.	
* Lereau, Simon,	1655, Suzanne Jaroussel.	
* Mondin, Mathurin,	1685, Renee Chaynet.	
Normandeau-Desloriers, Aug.,	1694, Madeleine Sasseville,	(Pierre I)
Massy, Jacques,	1689, Madeleine Hedoien,	(Jacques)
* Migner, Jacques,	1669, Ambroise Doigt,	(Douet)
Pageot, Thomas,	1675, Catherine Roy,	(Mathurin I)
Pasquier, Etienne,	1668, Henriette Rousseau.	

* Pasquier, Maurice, (fils de Méry,)   1668, Françoise Forget.
* Pelissier, Chs Gabriel,   1741, Josephte Sasseville.
* Penisson, Jean,   1701, Isabelle Cotin-Dugal.

Philippe-Ampleman, Nicolas, 1650, Marie Lebel.

Penin, Louis-René,   1° 1732, Catherine Bisson. 2° 1746, Josephte Barbot, Veuve Paul Thomas.

Pivain, Pierre,   1685, Claudine Fache.   (Nicolas I)

Reaume, Rene,   1665, Marie Chevreau.
* Renaud, Guillaume,   1668, Suzanne DelaFaye.
* Roy-Audy, Etienne,   1669, Marguerite Navarre.
* Roy-Audy, Siméon,   ... 1668, Claude Deschelets.

	Marié en	Fille de
* Roy, Olivier Le-	1668, Madeleine Rentier.	
Rosé, Noel,	1666, Marie Dumont-Massy.	
* Sarazin, Nicolas, Dr,	1688, Catherine Blondeau,	
Savard, Simon,	Marie Hurdouil,	
* Thomas, Claude,	1706, Marie-Anne Villeneuve,	
Touchet, Thomas,	1656, Suzanne Ferrier.	
* Turcot, Jean,	1688, Marie Rosé.	
* Valade, Guillaume,	Françoise Encelin,	
* Valin, Nicolas,	1684, Anne Trud.	
* Vannier-dit-Lafontaine, Germain,	1669, Marie Cartignier.	

Vanier-dit-Lafontaine, Guil., 1672, Madeleine Bailly.

Verret, Michel,   1669, Marie Deschands.

* Villeneuve, Mathurin,   1669, Marguerite LeMarche-dit-
                                         Laroche.

HOMMES

DE

PROFESSION

Nés à Charlesbourg, et qui y ont
demeuré.

Médecins :

Nicolas Sarasin.
Pierre DuRoy, chirurgien.
M. Stanfield, frère du docteur Stans-
field de St-Ambroise.
M. Hamel.
M. Godbout, (m. à Melle Picard,
Huronne.)
M. Beaudry, neveu de M. Beaudry,
curé de Charlesbourg.
Azarie Bédard, fils d'Azarie Bédard et
de Philomène Jobin.
Joseph Bédard, frère du précédent,
actuellement à Paris.
Ephraïm Bédard, fils d'Urbain et
d'Olive Bédard, Anc. Lorette.
Joseph Bédard, frère du précédent,
aux Etats-Unis.

Louis Gauvreau, médecin actuel.
Joseph Grondin,   "   "
Pierre Chamard,   "   vétérinaire,
en 1716. Ce doit être le premier
médecin vétérinaire du pays.

———

Avocats :

Pierre Bédard, avocat et juge en 1812.
Joseph Bédard, frère du précédent.
Charles Déry, protonotaire à Kamou-
raska.
Charles Chartré, au Bureau du Ca-
dastre.
Narcisse Hamel, résidant à l'Auvergne.

———

Notaires :

Hilaire Bernard de la Rivière.
André Geneste.
Joseph Bédard, notaire et avocat.
Thomas Bédard, frère du Juge Pierre
Bédard.
Thomas Bédard, de Lotbinière.
Jean-Bte Trudelle, père d'Alfred,
architecte.

Edouard Glackemeyer, père.
Edouard Glackemeyer, fils.
Samuel Glackemeyer, fils,
Flavien Moffatt, père de Flavien Moffatt du Hansard d'Ottawa.
Jean-Bte Delâge, frère du curé de Chambord.

Arpenteurs et architectes :

Hilaire Bernard de la Rivière.
Jean-Bte Bédard, neveu de M. Pierre Laurent-Bédard, prêtre.
Jean LeRougé, beau-frère de Barthélemi Cotton.
Michel Lecourt.
Pierre Jobidon, résident actuellement à Charlesbourg.

Membres du Parlement :

Pierre-Stanislas Bédard.
Joseph Bédard, frère du précédent.
Jean-Bte Bédard, frère de M. Bédard, curé de Charlesbourg.
M. Louis Pâquet.

Maires de Charlesbourg :

1. Major Joseph Bédard, en 1842.
2. Edouard Robitaille.
3. Jérémie Bédard, fils du premier.
4. Charles Réaume, maire et préfet du Comté.
5. Jean Martel, fils.
6. Urbain Bédard.
7. Barnabé Parent.
8. Alexis Leclerc.
9 Barnabé Parent, maire actuel.

DEPUTES

Qui ont représenté le Comté de Québec, depuis la Constitution, (1791.)

Bas-Canada.

1792-1796.	{ L. De Salaberry et D. Lynd.
1797-1800.	{ J. Black et L. Paquet.
1801-1805.	{ M. A. Berthelot et L. Paquet.
1805-1808.	{ M. A. Berthelot et P. A. DeBonne.
1809-1810.	{ R. Gray et P. A. DeBonne.
1810-1814.	{ L. Gauvreau et J.-B. Bédard.
1815-1819.	{ L. Gauvreau et P. Brehaut.

1820-1824. { L. Gauvreau et J. Neilson.

1825-1834. { M. Clouet et John Neilson.

1834-1838. { L. T. Besserer et J. Blanchet.

Le Canada sous l'Union.

1841-1844.—J. Neilson.
1844-1857.—P.-J.-O. Chauveau.
1858-1861.—Chs Panet.
1861-1866.—Hon. Frs Evanturel.

Parlement d'Ottawa.

1867-1874.—Hon. P.-J.-O. Chauveau.
1874-1891.—Hon. A.-P. Caron.
1891-1896.—Joseph Frémont.

Législature de Québec

1867-1874.—Hon. P.-J.-O. Chauveau.
1874-1878.—Hon. P. Garneau.
1878-1881.—Hon. D.-A. Ross.
1881-1886.—Hon. P. Garneau.
1886-1890.—Ths C. Casgrain.
1890-1896.—Chs Fitzpatrick.

APPENDICE

No. 1.

———

LETTRE.

———

Ste-Anne de Québec, 31 X /92.

BIEN CHÈRE MADAME,

P. C. C.

Je suis heureuse de vous exprimer les meilleurs souhaits de bonne année que je forme pour vous et votre chère Famille.

Croyez, chère Madame, que si ma prière de chaque jour ne vous fait jamais défaut, la nuit de Noël, elle a été plus vive et plus instante. Elle a demandé au doux petit Roi Jésus d'acquitter toutes nos dettes de reconnaissance en vous comblant de ses bénédictions les plus privilégiées ainsi que tous les chers vôtres.

C'est encore Lui que je prie de vous transmettre, chère Madame, les meilleurs sentiments d'affection,

De votre toute dévouée en J. M. J. et N. P. St-F.

MARIE DE STE-VÉRONIQUE,

F. M. M.

Madame Joséphine de Guigné, fondadatrice des Franciscaines Missionnaires de Marie à Québec.

————

APPENDICE No. 2.

————

Hôtel-Dieu du Précieux Sang,
8 Février, 1896.

MONSIEUR JOSEPH TRUDEL,
143, Sauvageau.

Monsieur,

Je suis heureuse de répondre aux informations que vous avez prises au sujet de la Sœur Madeleine Trudel dite de St-Paul. Je trouve dans les archives, que son père se nommait Jean Trudel, il était natif de l'Ange-Gardien, et sa mère Geneviève - Michelle Nolin de St-Pierre, Isle d'Orléans. J'ai aussi examiné attentivement les tables chronologiques qui contiennent les noms de toutes les religieuses de notre monastère, et j'ai constaté, que, depuis 1878, aucune postulante de Charlesbourg n'a fait profession dans notre communauté. J'en suis d'autant plus surprise, qu'il y a de si bons sujets dans cette paroisse. Peut-être, que quelques-unes ont préféré des communautés non cloîtrées ; peut-être aussi, que Dieu les a fixées dans le monde comme des sujets d'édification. Quoi qu'il en soit, je sais par expérience, que ce ne sont pas toujours les plus parfaites que Dieu appelle à la vie religieuse. C'est une raison de plus pour nous, de lui en témoigner une vive reconnaissance.

Soyez assez bon, pour offrir mes amitiés sincères à Madame Trudel que j'ai eu l'avantage de connaître au

Noviciat et pour laquelle je conserve un bien bon souvenir.

Veúillez me croire,

Monsieur,

Votre très humble servante,

Sʀ Sᴛ-Fᴇ́ʟɪx.

Hospitalière de la Miséricorde de Jésus.

APPENDICE No. 3.

COMPLAINTE

Dᴇ Jᴀᴄǫᴜᴇs Fʀᴇ́ᴄʜᴇᴛᴛᴇ, Mᴇᴜɴɪᴇʀ ᴅᴜ ᴍᴏᴜʟɪɴ sᴇɪɢɴᴇᴜʀɪᴀʟ ᴅᴇ Cʜᴀʀʟᴇsʙᴏᴜʀɢ.

Ce moulin est situé sur l'habitation des Lefebvre à l'est de l'église. Il est bâti en pierre et il est très-ancien, il a été aussi farinier du moulin des Mères. Jacques Fréchette est né à Charlesbourg le 6 nov. 1714, fils de Jacques Fréchette et de Marie Françoise Sarazin, fille du Docteur Nicolas Sarazin de la paroisse. J'ai trouvé cette complainte parmi les papiers de la succession de Maurice d'Héry, meunier du moulin du Bourg-Royal. Ces papiers sont aujourd'hui en possession de Madame Jacques Lefebvre du Village de Saint-Joseph.

C'était un petit pauvre
Qui d'aumônes vivait,
Il s'en va chez un riche
Donne-moi la charité,
Donne-moi un croustillon,
Comme tu donnes à ton chien.
Mon chien me rend service
Mais toi tu me rends pas.
Au bout de trois jours
Le petit pauvre est mort,
S'en va trouver Saint Pierre
Ouvre-moi le Paradis.
Saint Pierre demande à Saint Jacques,
Qu'il y est aussi dedans :
" O sers le petit pauvre "
Qui d'aumônes vivait.
Entrez mon petit pauvre,
Les portes en sont ouvertes
Depuis hier au midi.
Au bout de six jours
Le mauvais riche est mort,

16

S'en va trouver Saint Pierre :
Ouvre-moi le Paradis.
Saint Pierre demande à Saint Jacques
Qu'il y est aussi dedans :
"Sers le mauvais riche"
Qui l'aumône a refusé.
As-tu chauffé les pauvres
As-tu vêtu les nus,
As-tu donné l'aumône
En l'honneur de Jésus ?
Je n'ai point chauffé les pauvres
Je n'ai point vêtu les nus
Je n'ai point donné l'aumône
En l'honneur de Jésus.
Si Dieu me fait l'honneur
De retourner d'où je viens,
Je chaufferai les pauvres,
Je vêtirai les nus,
Je donnerai l'aumône
En l'honneur de Jésus.
Toute feuille qui tombe de l'arbre
Ne reverdira jamais,
Aussi toi la pauvre âme,
Dans les enfers ira.

JACQUES FRÉCHETTE.

Bourg-Royal, le 21 janvier 1747.

HABITATIONS

QUI N'ONT PAS CHANGÉ DE NOM DEPUIS 1700, EN LIGNE DIRECTE.

Barthélemi Bédard, Petite-Auvergne.
Jérémie Guilbault,   "   "
Louis Villeneuve, Charlesbourg.
Louis Jacques,   "
Charles Pageot,   "
Pierre Beaumont,   "
Xavier Paradis, Bourg-Royal.
Jacques Proteau,   "   "
Madame Jacques Lefebvre, St-Joseph.
     "   Jacques Pepin,   "
Joseph Pepin, fils de Joseph,   "
Jérémie Audy,   "   "   "
Onézime Bédard, St-Bonaventure.
Johnny Parent, Sr-Bernard.
Théophile Dubeau, St-Jacques.
Louis Léreau, l'Ormière.
Louis Boutet, St-Martin.

PRETRES

Morts et Inhumés a Charlesbourg.

M. LeBoullenger, le 25 juin 1747.

M. Alexis Leclerc, le même jour.

R. P. Chs Pineau, Jésuite, 10 juin 1760.

M. J. Bl. Morisseaux, le 27 mai 1774.

M. Jacques Dérome, le 30 septembre 1808.

M. Chs B. de Boucherville, 16 janvier 1823.

M. Antoine Bédard, le 9 mai 1837.

M. Pierre Roy, le 14 juillet 1847.

M. Etienne Payment, le 25 novembre 1861.

George Jacques, le 14 septembre 1869.

M. Charles Beaumont, le 2 septembre 1889.

M. F. X. Tessier, le 15 septembre 1890.

PROPRIETAIRES

Par Village, en 1700, d'après l'aveu
et dénombrement.

271

PROPRIÉTAIRES PAR SEIGNEURIE OU PAR FIEF EN 1860 D'APRÈS LE CADASTRE.

———

Notre-Dame des Anges 672
Grand-Pré, (fief)................... 104
Orsainville, (fief d')............... 134
St-Joseph ou l'Epinay.............. 120
St-Ignace, (fief) 523
St-Gabriel, (fief)................. 1355
———
2908

OUVRAGES

— ET —

PERSONNES CONSULTES.

Terriers, (Les vieux).

Tanguay, (Mgr) Dict. Généalogique.
  "   Répertoire du clergé.

Trudelle, (l'abbé) Hist. de Charles-bourg.

Casgrain, (l'abbé) Histoire de l'Hôtel-Dieu.

Bouchette, (Topographie du Canada).

Histoire de l'Hôpital-Général.

Histoire des Ursulines des Trois-Rivières.

Vie de la Sœur Bourgeois.

Registres de Charlesbourg.

Langevin, (Mgr) Notes sur les Archives de Beauport.

Dionne, (Dr N.-E.) Jacques-Cartier.

Kalm, (Peter) Voyages en Amérique.

Jugements du Conseil Souverain.

Papiers de familles, etc., etc.

Myrands, Phips devant Québec.

NOMMEMENT :

Hoffman, (M.) Curé de Charlesbourg.
Dionne, (Dr N.-E.)
Bédard, (M. T. P.) Archiviste.
Sainte-Aurélie, Mère des Ursulines de Québec.
Marguerite-Marie, (Sœur) Archiviste des Ursulines des Trois-Rivières.
Ste-Colette, (Sœur) Congrégation N.-D.
St-Félix, (Sœur) de l'Hôtel-Dieu, Québec.
St-Michel, (Sœur) Bon-Pasteur, Québec. Cette bonne sœur est morte le 11 juin 1896 des suites d'un accident arrivé le 11 mai dernier.
Familles, (Plusieurs),

EPILOGUE

En 1887, M. l'abbé Charles Trudelle a écrit l'histoire de Charlesbourg, mais il n'a pas localisé les habitations. Il est impossible, surtout pour ceux qui n'ont fait que passer à Charlesbourg, de pouvoir retracer l'endroit où vécut leur premier ancêtre. A l'aide de cet humble travail, il sera facile à chacun des intéressés de dire : " c'est, ici, l'habitation qu'occupait mon premier ancêtre."

Mon désir eût été de faire un ouvrage plus complet, mais j'ai préféré, pour diverses raisons, ne pas dépasser les bornes que je m'étais tracées dès le début. Tel qu'il est, il sera peut-être utile à ceux qui écriront l'histoire de leur paroisse ou la biographie des personnes dont les ancêtres appartenaient à Charlesbourg. Cette paroisse, étant l'une des plus anciennes du pays, a fourni des fondateurs de nouvelles paroisses, et les familles-souches originaires de Charlesbourg ont donné naissance à de nombreuses tiges que l'on retrouve aujourd'hui dans presque tous les coins du Canada.

A la demande de plusieurs amis, d'historiens bien connus et de descendants des familles de Charlesbourg, je me suis décidé à publier ces notes dont le caractère n'échappera à personne. Puissent-elles leur être utiles dans la mesure de mon ambition ?

Joseph Trudelle.

TABLE

ERRATA

Page 9, ligne 8, au lieu de 1799, lisez 1699.

Page 18, ligne 25, au lieu de 1897, lisez 1797.

Page 28, ligne 22, au lieu de 1683, lisez 1687.

Page 28, ligne 23, au lieu de Jeanne Renault, lisez Madeleine Huppé.

Page 61, ligne 2, au lieu de 1806, lisez 1896.

Page 87, ligne 9, au lieu de 5, lisez 2.

Page 131 et 139, au lieu de Simonne, lisez Madeleine.